GIOVANNI FRANCESIO

TIFARE CONTRO

Burkhardt & Partner
VERLAG

TIFARE CONTRO

für die deutsche Fassung:

(1 | 2010) - 3. Auflage

Dresdner Str. 172
01705 Freital
Deutschland

ISBN 978-3-940159-07-6

Übersetzung:
Kai Tippmann
www.altravita.com

Umsetzung & Mitarbeit:
Mirko Otto, Holm Göldner

ISBN 978-88-200-4505-0
95-I-08

Bibliografische Information durch die Deutsche Nationalbibliothek: Die Deutsche Nationalbibliothek verzeichnet diese Publikation in der Deutschen Nationalbibliografie; detaillierte bibliografische Daten sind im Internet über http://dnb.dnb.de abrufbar.

www.blickfang-ultra.de

„Ich bin 1970 geboren. Das erste Mal besuchte ich ein Stadion im Jahr 1976. Ich habe nie wieder damit aufgehört. Für viele Jahre war ich Ultrà. Dafür habe ich Tausende Kilometer auf Auswärtsfahrt zurückgelegt, dafür habe ich Auseinandersetzungen mit gegnerischen Fans und Polizeikräften auf mich genommen, ich bin auch geflohen und ich hatte Angst. Aber dafür durfte ich auch die einzigen gemeinschaftlichen Emotionen meines Lebens erfahren, gemeinsam mit den anderen zu jubeln und zu verzweifeln, mich als Teil einer „freien und wahren" Welt zu fühlen, die ich auch heute noch als meine empfinde."

GIOVANNI FRANCESIO

„Wenn du auch die Auswärtsfahrten mitmachst,
bleibst du verschluckt.
Du verlierst jeden Sinn für Proportionen.
Es erfüllt dein Leben. Es ist zu stark."

Tim Parks „A Season With Verona"

„Ich habe mir von euch keinen Fehler erwartet
"Damen und Herren des Gerichts"
wenn ich an eurer Stelle säße...
aber an eurer Stelle weiß ich nicht zu sein."

Fabrizio de Andrè „Nella mia ora di libertà"

„Uns reicht es, das Trikot zu sehen
um wieder zu singen."

Boys Parma

Inhaltsverzeichnis

Vorbemerkung

Dieses Buch ist viele Dinge *nicht*: Es ist keine Untersuchung, weil ich die Protagonisten der beschriebenen Vorfälle nicht angehört habe; es ist kein akademischer Essay, weil es weder Wissenschaftlichkeit noch Objektivität vortäuscht; es ist kein Augenzeugenbericht, weil ich beim größten Teil der beschriebenen Geschehnisse nicht dabei war; es ist kein politisches Buch, weil ich kein Mitglied irgendeiner politischen Bewegung (vorausgesetzt, solche gibt es überhaupt) oder einer Gruppe bin, und vor allen Dingen spreche ich nicht im Namen von irgendjemandem.

Ich habe tagesaktuelle Ereignisse gesammelt, die 40 Jahre umspannen, und versucht, sie in einen Kontext einzubinden, die wirklichen Hintergründe zu erklären und ihnen eine begründete – wenn auch persönliche – Interpretation zu geben. Die Quellen, die ich dazu verwendet habe, sind praktisch immer inoffiziell und tendenziös: Internetseiten von Ultras, Fanzines der Kurven und im Selbstverlag erschienene Bücher. Erstens sind diese Publikationen oftmals die einzigen verfügbaren Quellen, und zweitens halte ich sie trotz ihrer offiziellen Parteilichkeit für glaubhafter als offizielle Quellen. Die Perspektive dieses Buches ist meine persönliche und als solche niemand anderem zuzuschreiben, weder den Ultras noch sonst wem. Ebenso sind alle Ungenauigkeiten, Abweichungen und Fehler, für die ich mich im Voraus bei meinen Lesern entschuldige, meine eigenen.

Dieses Buch ist eine Geschichte der italienischen Ultras, nicht „die" Geschichte, weil „die" Geschichte mit der vom bestimmten Artikel geforderten Objektivität überhaupt nicht geschrieben werden kann.
Es ist *meine* Geschichte einer Welt, die auf mich eine verführerische, oftmals verstörende Macht ausgeübt hat und noch immer ausübt und ein unstillbares Interesse weckt.

Die Soziologie beschäftigt sich normalerweise mit Massenphänomenen, indem sie ihre Studien bei den einzelnen Teilnehmern beginnt. Ich hingegen habe versucht, den entgegengesetzten Weg einzuschlagen und vor allem vom Gesamtphänomen zu sprechen: Von der Welt der Ultras als Ergebnis der Teilnahme Tausender junger Menschen, wie sie unterschiedlicher nicht sein könnten. Ich hoffe, dass ich dies mit der gebotenen Leidenschaft getan habe und dass ich wenigstens ein Hundertstel der Faszination vermitteln kann, welche die Dimension Ultrà auf mich und viele andere ausgeübt hat.

Ich habe dieses Buch aus einer Vielzahl von Gründen geschrieben: Weil ich es nicht mehr mit ansehen konnte, wie die Welt der Kurven in den öffentlichen Debatten auf eine Art und Weise repräsentiert wurde, die mir schon immer völlig deformiert und abwegig erschien. Wegen meines professionellen Anspruchs, verschiedene Texte, die über zehn Jahre hier und da verteilt waren, in einen Zusammenhang zu bringen. Wegen meines staatsbürgerlichen Anspruchs, ein paar Begebenheiten etwas realistischer zu erzählen, als es die Medien und die nationalen Institutionen getan hatten. Und weil ich wirklich hoffe, mich nun endlich ernsthaft für irgendetwas anderes interessieren zu können.

Aber ich glaube, das Hauptmotiv war zuallererst, für mich selbst einen Erklärungsversuch zu finden für die Anziehungskraft, die die Welt der Ultras auf Tausende italienischer Jungs ausgeübt hat und immer noch ausübt. Die Notwendigkeit dazu hat sich im Verlauf der Jahre immer deutlicher bemerkbar gemacht: Es ist dringend erforderlich, endlich einmal den Versuch zu unternehmen, die anscheinend disparaten Episoden einer Jugendbewegung in ihrer eigenen Logik zu erklären und eine rationale Begründung dafür zu liefern, wieso diese Bewegung wegen der Anzahl ihrer „Teilnehmer“ und der Dauer ihres Bestehens in Italien einzigartig ist.

Es ist mir nicht gelungen: Am Ende sind alle Widersprüche, die Verführungen, die Fehler, die Gewaltakte, die wirklichen und wahrhaftigen Kriminellen immer noch da, vor mir auf dem Tisch ausgebreitet mit ihrer geballten Ladung an Schmerz. Ohne Logik, ohne Grund, ohne Erklärung.

Vorwort (oder Nachwort?)

Am 11. November 2007 um neun Uhr morgens halten zwei Autos, eines mit vier, das andere mit fünf Fans von Lazio, aufgebrochen in Rom und unterwegs in Richtung Mailand zum Spiel Inter gegen Lazio, an der Autobahnraststätte Badia al Pino auf der A1 in der Nähe von Arezzo.

Ein weiteres Auto trifft ein: Es handelt sich um Juventus-Fans, auch sie kommen aus Rom, sind aber in Richtung Parma unterwegs, zum Spiel Parma gegen Juventus. Die beiden Grüppchen erkennen sich. Ein paar Beleidigungen werden ausgetauscht. Die klassischen Sätze: „Was guckst du so bescheuert?“ Man wird handgreiflich. Vielleicht fliegen auch ein paar Steine. Alles schon gesehen auf diesem Rastplatz, der schon öfter Schauplatz des Aufeinandertreffens von Fans auf Auswärtsfahrt war. Und wie fast immer endet dieser Konflikt auch wieder ganz schnell, ohne Konsequenzen für irgendjemanden.

Alles scheint beendet, und die Autos fahren bereits wieder, als irgendetwas das hintere Seitenfenster des Autos der Lazio-Fans durchschlägt, die gerade wieder auf die Autobahn einbiegen. „Dreckspack, die haben einen Stein geworfen“, brüllt der Typ am Lenkrad. Aber es ist kein Stein. Es ist ein Pistolenschuss, der Gabriele Sandri, 28 Jahre alt, ein bekannter DJ aus Rom, in den Hals trifft. Und ihn tötet.

Geschossen hat ein Polizist, der die Geschehnisse von der gegenüberliegenden Seite der Fahrbahn aus beobachtet hatte. Der Polizist lässt zunächst die Sirene aufheulen. Vermutlich fordert er die beiden Autos auf, anzuhalten. Als diese einfach weiterfahren, gibt er zwei Schüsse ab. Den ersten in die Luft. Den zweiten in Mannshöhe. Dieser tötet Gabriele Sandri.

Ein Drama, eine Tragödie, eine ganz furchtbare Sache. Aber eine, die passieren kann. Ein Polizist macht einen Fehler, verliert den Kopf, schießt und tötet eine Person, die sich nichts zuschulden kommen lassen hat, das einen Grund dafür hergeben würde, auf sie zu schießen. Wie wenn jemand eine Straßensperre zu durchbrechen versucht. Das ist alles schon passiert. Es ist auch schon passiert, dass irgendwelche Jungs auf dem Moped ihr Leben lassen mussten, die geflohen sind, weil sie einen Joint in den Hosentaschen hatten. Kann passieren. Ist schon passiert, und wird auch wieder passieren.

Und trotzdem sind das Innenministerium und die Granden des italienischen Fußballs nicht in der Lage, mit der Situation umzugehen. Weil sie genau wissen, selbst wenn sie das niemals öffentlich zugegeben würden, und auch wenn sie das Problem noch niemals wirklich anpacken wollten, dass der Tod Gabriele Sandris das Risiko einer unkontrollierbaren Kettenreaktion in sich birgt.

Anstatt die Sache aufrecht und mit einem Minimum an Zivilcourage anzugehen, anstatt das Geschehene unverzüglich zu kommunizieren und die einzig sinnvolle Entscheidung zu treffen, nämlich den Fußball-Spielbetrieb zu unterbrechen, um den Tod eines jungen Menschen zu respektieren, der auf dem Weg zu einem Spiel war, wird die Nachricht für drei Stunden weitgehend unter Verschluss gehalten und erst am Mittag veröffentlicht – zudem auf konfuse und widersprüchliche Weise.

Mittags ist es aber schon zu spät, um den Spieltag noch zu stoppen. Die Fans sind bereits zu den Auswärtsspielen aufgebrochen und überall in Italien unterwegs. Lediglich das Spiel Inter gegen Lazio wird verschoben, während man entscheidet, alle anderen Spiele lediglich mit zehnminütiger Verspätung anzupfeifen. Selbstverständlich reicht das nicht, das kann überhaupt nicht reichen.

Für die Ultras ist schon allein der Tod eines von ihnen durch die Hand eines „Bullen“ ein mehr als ausreichender Grund, ihre schlimmsten Instinkte durchbrechen zu lassen. Versuchen wir, uns noch die zusätzliche Verhöhnung durch die zehn Minuten Pause und den Trauerflor am Trikotärmel vorzustellen. Zu frisch ist die Erinnerung an die

Geschehnisse von Catania, an den Tod von Filippo Raciti und alles, was danach kam.

Denn das, was sich am 11. November abspielte, war kein in sich geschlossenes Ereignis, sondern der zweite Akt eines dramatischen und demütigenden Kapitels in der Geschichte der italienischen Ultras: Der erste Teil dieses Kapitels fand neun Monate vorher statt, am 2. Februar in Catania, als während äußerst heftiger Zusammenstöße zwischen Polizeikräften und Ultras im Umfeld des Spiels Catania gegen Palermo der Polizeikommissar Filippo Raciti stirbt. Die Umstände, unter denen der 38-jährige Vater zweier Kinder ums Leben kommt, sind noch immer nicht völlig geklärt.

Noch am Spielabend verfügt Herr Pangalli, Sonderbeauftragter des Fußballverbandes FGCI, den sofortigen und unbefristeten Stopp des Spielbetriebs sämtlicher Fußballligen. Die Regierung erlässt einmal mehr ein Dekret, diesmal erarbeitet durch Innenminister Amato und Sportminister Melandri, unterschrieben vom italienischen Justizminister Mastella, das den Fans Auswärtsfahrten erschwert, Trommeln, Megaphone und Transparente aus den Stadien verbannt (auch wenn man für letztere eine ermüdende Autorisation beantragen kann) und fordert, die Fußballstadien endlich normgerecht umzubauen. Dies war im Übrigen bereits in einem vorherigen Dekret vorgesehen, das einst von Innenminister Pisanu erlassen, dessen Inkrafttreten aber immer wieder verschoben wurde. Man verstärkt die repressive Macht der Polizeikräfte und verschärft die Strafen für tatsächliche oder vermeintliche Gewalttäter in den Stadien. Zu den ersten Transparenten, die im Stadion nicht aufgehängt werden dürfen, gehört das folgende, von Fans von Sampdoria entworfene:

> *Jeder hat das Recht, seine Meinung in Wort, Schrift und durch jedes sonstige Mittel der Meinungsäußerung frei zu äußern.* (Artikel 21 des italienischen Grundgesetzes)

Es handelt sich um Normen und Verfügungen, die von den Ultras auf das Schärfste abgelehnt werden, die sie als das sehen, was sie objektiv auch sind: Strafverfügungen gegen eine gesamte Bewegung und nicht gegen die Einzelnen, die sich Gewalttaten zuschulden kommen lassen haben. Die Ultras behaupten, dass man damit die Kurven als Orte des ungezwungenen Zusammenseins, als Orte der Freiheit treffen will. Es werden die Kurven getroffen, um das Wenige auszulöschen, was von der volkstümlichen Dimension des Fußballs noch überlebt hat, der immer mehr zum Fernsehbusiness geworden ist. *„Wir werden nie sein, wie ihr uns haben wollt. Freiheit für die Ultras"*, singen weiterhin Kurven in ganz Italien.

Am Wochenende des 31. März und 1. April 2007, als der erste Spieltag der Meisterschaft unter den neuen Normen ausgetragen wird, herrscht in allen italienischen Kurven, die bis vor wenigen Wochen noch laute und bunte Orte waren, eine seltsame, graue und bedrückende Atmosphäre: keine Transparente, keine Trommeln, keine Fahnen.

Viele Gruppen – unter ihnen auch für die Geschichte der italienischen Ultrà-Bewegung bedeutsame – haben sich in den auf die Ereignisse in Catania folgenden Wochen aufgelöst, viele charismatische Persönlichkeiten haben sich zurückgezogen. Aber das alles grenzt die Gewalt nicht ein, im Gegenteil.

Denn wie jeder weiß, der irgendeine Ahnung von der Materie hat, werden die beiden wirklich dramatischen Probleme der italienischen Fanwelt nicht einmal im Entferntesten berührt: Die Anwesenheit von ungestraft agierenden Gewalttätern und die sich immer weiter ausbreitende und gefährlicher werdende Spannung zwischen den Ultras und der Staatsmacht. Also bleiben sie präsent, schleichend, mit Hass aufgeladen und bereit, bei nächster Gelegenheit zu explodieren.

Und die Gelegenheit ergibt sich am 11. November.

„Für Raciti unterbrecht ihr die Meisterschaft. Der Tod eines Jungen hat keine Bedeutung", schreiben die Ultras von Inter und Lazio vor dem San Siro-Stadion auf ein Transparent, das einem improvisierten Protestmarsch vorangetragen wird.

In Bergamo suchen derweil Ultras von Atalanta und Milan gemeinsam die Auseinandersetzung mit der Polizei. Sie wollen nicht, dass gespielt wird. Das Spiel wird trotzdem angepfiffen, aber in der Curva Pisani, der von Atalanta, sind die Ultras fest entschlossen, einen Spielabbruch zu erzwingen – trotz der Proteste von Fans der anderen Stadionsektoren (außer dem Milan-Gästeblock selbstverständlich). Mit einem gusseisernen Gullideckel (wurden nicht alle Stadien nach dem Tod von Raciti gesichert?) beginnen die Ultras, die Plexiglasscheibe zu zertrümmern, welche die Kurve vom Spielfeld trennt. Die Spieler unterbrechen das Spiel und machen den Schiedsrichter darauf aufmerksam, der sich seinerseits mit dem Polizeichef austauscht. Die Spieler von Atalanta gehen zu ihrer Kurve und versuchen die Ultras aufzuhalten: *„Entweder ihr hört auf zu spielen oder wir stürmen den Platz"*, lautet die Antwort. Im Inneren des Stadions sieht man keinen einzigen Polizisten. Vermutlich eine weise Entscheidung des Polizeipräsidenten, seine Männer aus dem Stadion abzuziehen, aber sie bedeutet die Kapitulation des Staates. Weiße Fahne. Wir ergeben uns. In Fußballstadien ist es uns nicht möglich, die öffentliche Ordnung und Sicherheit zu garantieren. Die Partie wird in der 7. Spielminute abgebrochen.

Es gibt an diesem Punkt keine andere Möglichkeit, aber das Vorgefallene ist äußerst schwerwiegend. Man konnte und musste es verhindern. Wenn man mit Entschiedenheit gehandelt hätte, wenn man den Spielbetrieb sofort unterbrochen hätte, schon früh am Morgen, wäre in Bergamo überhaupt nichts passiert. Das ist unbestreitbar. Aber in Bergamo „passiert" nicht nur das, was alle Fernsehstationen zwanghaft übertragen haben – aus Bergamo wird auch das Signal gesendet, dass der Staat an diesem verfluchten Sonntag nicht mehr existiert.

Und das Signal wird sofort empfangen. Zuerst in Taranto, wo in der zweiten Halbzeit das Drittliga-Spiel gegen Massese abgebrochen wird, und dann in Rom, heute zweifelsohne die heißeste Front, was die Gewalt in den Stadien angeht.

Im Olympiastadion sollte das Abendspiel AS Roma gegen Cagliari stattfinden, aber im Laufe des Nachmittags entscheidet man unter dem Eindruck der Ereignisse, die Partie zu verschieben. Es hilft nichts, weil ab sechs Uhr abends Gruppen von Jugendlichen (Romanisti? Laziali? Ultras?) Kasernen und Polizeiwachen angreifen, Fahrzeuge der Polizei und der Carabinieri verfolgen, Straßen blockieren, Wappen und Banner der Ordnungskräfte rauben und zerstören und den Sitz des Italienischen Nationalen Olympischen Komitees (CONI) verwüsten. Überall im Gebiet um das Olympiastadion gibt es Gewalt, Verletzte und Zerstörungen. Ein Tag wie keiner vorher. Ein kolumbianischer Tag.

Zum x-ten mal entzündet sich anschließend eine Debatte um Ultras und Gewalt in den Stadien. Eine Debatte, die so heuchlerisch ist wie keine andere, denn die offensichtliche Wahrheit ist, dass in Italien niemals jemand irgendetwas davon gewusst hat, was sich in den Stadionkurven wirklich abspielt. Oder besser, niemand wollte jemals etwas davon wissen. Es hat die Fußballvereine einfach niemals interessiert. Außer natürlich, wenn es darum ging, diese hitzigsten aller Fans zur „Überzeugung“ (sprich: Bedrohung) von Spielern und unbequemen Journalisten einzuspannen. Auch wenn dies ein ziemlich aufgebauschter Aspekt ist, weil man wie so häufig einen Teil für das Ganze nimmt: Selbstverständlich sucht ein Fußballverein, wenn er einen halbwegs gewalttätigen und skrupellosen Gorilla engagieren will, zuallererst in der Kurve. Es ist aber genauso offensichtlich, dass man diese Typen nicht mit einem gesamten Fanlager gleichsetzen kann. Es hat weder die Ligen noch den Fußballverband interessiert, die einen wichtigen Teil ihrer Fans immer als ein rein soziales Problem gesehen haben, das ausschließlich in den Kompetenzbereich des Staates fällt. Insgesamt gesehen hat sich nicht einmal der Staat besonders dafür interessiert, außer beim rituellen und inhaltsleeren „Aufwachen“, wenn gerade wieder etwas besonders Schwerwiegendes vorgefallen war.

Auch der Tod des Polizisten Filipo Raciti führt letztlich nur zu einer Serie alberner und undurchführbarer Vorschriften, die fast immer zulasten der nicht gewalttätigen Fans gehen. Dabei war dies ein Ereignis, das in seiner Schwere und Bedeutung zunächst dazu geeignet schien, endlich einmal eine wirklich nachhaltige Antwort von Seiten des Staates oder des Systems Fußball hervorzurufen. Und so kommt es zum 11. November 2007. So kommt es zur unglaublichen Hatz auf Polizisten in den Straßen Roms.

Die beiden großen Themen, die man unbedingt hätte angehen müssen, wenn man die Gewalt unter Fußballfans hätte ausradieren wollen, wären die Qualität der Stadien und die Strategien zur Aufrechterhaltung der öffentlichen Ordnung gewesen. Auch nach dem Tod von Filippo Raciti, auch nach dem Tod von Gabriele Sandri, wird diese Diskussion allerdings wieder schnell ad acta gelegt.

Die Meisterschaft wird in beiden Fällen für einen Spieltag unterbrochen, danach geht es mit voller Zuschauerzahl, mit einigen gesperrten Kurven und in einigen Stadien ganz unter Ausschluss von Fans weiter. In Stadien, die trotzdem weiterhin alt, baufällig, gefährlich und unkontrollierbar bleiben. Gebäude, die niemandem mehr gehören (weder dem Staat noch den Vereinen) und für die niemand Geld ausgeben will.

Aus diesem Grund versucht Italien, die Europameisterschaft 2012 ins Land zu holen, um die Stadien mit Hilfe der UEFA-Gelder zu erneuern und – wenn die Mittel wie absehbar aufgebraucht sind – durch die Gelder der Teilnehmer. Zum Glück wird dieser Plan jämmerlich versenkt, als der Wettbewerb an die Ukraine und Polen vergeben wird. Die großen Manager unseres Fußballs müssen, wenn sie europäische Stadien wollen, diese aus eigener Hand finanzieren, wie überall sonst auch.

Weil wir nur über Geld reden.

Wir hören seit Jahren vom „englischen Modell“, als wäre dies eine hochkompliziert umzusetzende Geschichte, wobei es in Wirklichkeit, ganz platt gesagt, darum geht, *„die Kohle rauszurücken“*. (Vor einigen Jahren, kurz nach dem unglaublichen „Derby des toten Kindes“ in Rom, rutschte dem damaligen Verbandschef Carraro vermutlich unbeabsichtigt die Wahrheit heraus: „Wir sind hier in Italien“, sagte er.)

Die Briten haben, um ihr „englisches Modell“ umzusetzen, über Jahre Hunderte von Millionen Pfund ausgegeben und damit die schönsten und sichersten Stadien der Welt errichtet, während unsere Vereine – bei demselben finanziellen Aufwand – Spieler verpflichteten, die höchstens für abendliche Diskothekenbesuche gut waren.

In England hingegen, wo man die Gelder sinnvoller investiert hat, hat man sicherlich viel von der volksnahen Faszination des Stadions verloren, aber es ist für jeden offensichtlich, dass das Umfeld von Fußballveranstaltungen unendlich sicherer und entspannter geworden ist als bei uns.

Und an der Front der öffentlichen Ordnung findet sich wieder einmal, auch nach dem Tod eines Polizisten, auch nach dem Tod eines Jungen, der grundlos durch einen Polizisten getötet wird, keine Institution, die den Mut, die intellektuelle Kapazität und die Fähigkeit aufbringt, sich selbst infrage zu stellen. Und ernsthaft zu analysieren, warum es einen immer tieferen und offensichtlicheren Bruch gibt, der sich zwischen großen Teilen der italienischen Jugend und dem Staat und dessen Repräsentanten auftut. In den Medien setzt sich vielleicht endlich etwas in Bewegung. Aber der entrüstete Schrei, den Sandris Anwalt wenige Stunden nach der Tragödie gegenüber den anwesenden Journalisten ausstößt, ist ein schmerzhafter Ausdruck der bisherigen Zustände: *„Das ist Mord. Und jetzt will ich sehen, ob ihr das schreibt. Ich will sehen, ob ihr den Mut habt, euch gegen die Polizei zu stellen!“*

Als ob das überhaupt kein gravierendes Problem wäre, als ob eine Generation, die damit aufwächst, Misstrauen gegenüber den Vertretern des Staates zu kultivieren, gar kein Thema wäre, das man mit Ernsthaftigkeit angehen müsste. Ach wo. Die Strategie ändert sich nicht: Anstatt die wirklich Schuldigen zu verfolgen (eine in der Tat schwierige Aufgabe, die ernsthafte Arbeit erfordert) macht man weiter damit, eine gesamte Bewegung zu verdammen, zu ächten und zu unterdrücken – über den Daumen gepeilt um die hunderttausend Personen. Und anstatt die Gewalttäter vom Rest der Stadionbesucher, Ultras oder nicht, zu isolieren, erreicht man so das brillante Ergebnis, dass immer mehr Personen in den Widerstand und das Misstrauen gegenüber den „Ordnungshütern" gedrängt werden.

„Tod dem Bullen", *„Catania... einer weniger"*, *„Noch ein Filippo Raciti"*, *„Carlo Giuliani gerächt"*. Dies sind nur einige der Sprüche, die an den Tagen nach den Tragödien von 2007 auf italienischen Mauern auftauchten. Nachrichten, die in ihrer dummen Rohheit Zweifel aufwerfen könnten, ja müssten, und Antworten fordern. Ist es wirklich wahrscheinlich, dass wieder einmal nur die üblichen paar Kriminellen verantwortlich sind?

Aber nichts, nicht einmal der ausdrückliche Hinweis auf die Verbindungen mit dem Desaster beim G8-Gipfel in Genua[1], nicht einmal – ein paar Jahre früher – ein ganzes Hauptstadt-Stadion, das geschlossen *„Bullen – Mörder!"* schreit und die Erklärungen des seinerzeitigen römischen Polizeipräsidenten Achille Serra ignoriert, haben die Mauer der offiziell korrekten Lesart ins Wanken gebracht, derzufolge Polizisten immer „vom Staat bezahlte Helden"[2] sind, die niemals Fehler machen.

---

1) A.d.Ü.: Die Geschehnisse beim G8-Gipfel in Genua würden mehrere Bücher zum Thema erfordern. Ich weise nur darauf hin, dass bei den teilweise „gesteuerten" und provozierten Konflikten in der ligurischen Hafenstadt der junge Protestler Carlo Giuliani aus einem Jeep der Carabinieri heraus erschossen wird.

2) Polizeichef Michele Serra im Jahr 2003 zum Einsatz der Polizeikräfte während eines Spiels Avellino gegen AS Roma.

Während die Ultras natürlich unzweifelhaft kriminelle Rowdys sind, die grundsätzlich immer Unrecht haben. „Unverantwortliche Schmiereien", „beschämende und äußerst ernste Taten" donnerte Minister Melandri, der wie alle unsere heutigen Politiker immer bereit ist, Rezepte für Moral und Verantwortlichkeit zu verteilen, aber nicht in der Lage ist, sich *wirklich* einem Problem zu stellen und dieses zu debattieren.

Wir leben in einem Land, das es bevorzugt, nicht zu wissen. Schuld der Politiker, Schuld der Zeitungen und Fernsehsender, Schuld von allen. Wir leben eingehüllt in unsere bequemen Sicherheiten, *„die guten Polizisten, die bösen Rowdys"*, und wir fliehen vor allem, was sich als komplex, schwierig und kompliziert zu lösen herausstellen könnte.

Aus diesem Grund gibt es auch nach 40 Jahren der Existenz von Ultras noch keine sinnvolle wissenschaftliche Studie zu den Protagonisten dieses Phänomens, eben den Ultras selbst. Der italienische Staat stellt sich auf, um einen Feind zu schlagen, ohne sich vorher jemals die Mühe gemacht zu haben, ihn erst einmal kennenzulernen. Ein Phänomen, das im Laufe der Jahrzehnte Hunderttausende von Personen betraf, wurde und wird bis heute ständig mit sinnlosen Etikettierungen des Typs *„der zwölfte Man auf dem Platz"* (wenn alles gut geht) bedacht oder mit völligen Unwahrheiten der Art *„wenige Straftäter, die überhaupt nichts mit dem Fußball zu tun haben"* (wenn es schlecht läuft).

Tatsächlich war und ist es etwas mehr, das sich in die italienischen Jugend eingebrannt und sich in den Tiefen unseres sozialen Bewusstseins eingenistet hat. Trotz all ihrer Schmutzflecken, auch mit ihrer schwerwiegenden Schuld sind die Ultras dennoch eine der wenigen jugendlichen Massenbewegungen der letzten Jahrzehnte.

Die Geschichte der italienischen Ultras entwickelt sich in der Tat über einen Zeitraum von circa 40 Jahren. Von der Geburt der ersten Gruppen Ende der 60er Jahre bis hinein in die bedrückenden und beunruhigenden Monate des Jahres 2007. Mittendrin finden sich noch zwei weitere wichtige Ereignisse: Der Tod des Lazio-Fans Vincenzo Paparelli im römischen Olympiastadion während eines Derbys im Herbst 1979, und der von Vincenzo Spagnolo aus Genua, der in seiner Heimatstadt im Januar 1995 von AC Milan-Ultras erstochen wird. Leider gab es noch weitere Tote und viele weitere tragische Geschehnisse, aber dies waren die Umstände, unter denen die Problematik Eingang in die öffentliche Meinung gefunden hat, die ihrerseits Antworten einforderte (echte oder scheinbare, in der überwiegenden Mehrheit scheinbare), und es sind diese Episoden, die für die Ultrà-Bewegung in ihrem Inneren am bedeutsamsten waren.

Es ist zu früh, um zu sagen, ob der Tod von Raciti und der von Sandri – gegensätzlich, aber auf tragische Weise miteinander verbunden – den Tod der Geschichte der italienischen Ultras bedeuten. Ob die massenhafte Auflösung auch bedeutender Gruppen aus der ersten Reihe, die Verhaftungen, die Sondergesetze, die Anklagen wegen Terrorismus und Angriff auf die Staatsmacht (Macht?) wirklich dafür sorgen, dass eine bestimmte Art des Stadionbesuchs verschwindet. Oder ob es die Ultrà-Bewegung wie bereits in der Vergangenheit (wenn auch unter weniger schwierigen Umständen) schaffen wird, sich zu erneuern oder auch nur zu überleben.

Und es ist schwierig zu sagen, ob dies an diesem Punkt noch einen Sinn hätte.

1
Die Ursprünge

1968 ist das Jahr der Gründung der Fossa dei Leoni des AC Mailand, in der rot-schwarzen Südkurve von San Siro. Der Zeitpunkt ist wie eigentlich immer bei solchen Dingen umstritten, aber neben der Meinung des Autors, die keine Rolle spielt, erkennt der größte Teil aller Ultras die Fossa als „erste Gruppe" an. In jedem Fall ist die 68er Saison sehr bedeutsam und hilft vielleicht dabei, sich ein Bild davon zu machen, warum seit so langer Zeit so viele Jugendliche in den Kurven dauerhaft einen wichtigen, wenn nicht den einzigen Ort zur gemeinschaftlichen Aktion gefunden haben.

Denn die Bezeichnung „organisierte Fans", die häufig als Synonym für Ultras verwendet wird, ist irreführend. Der Support im italienischen Fußball ist nämlich auf die eine oder andere Weise schon immer „organisiert" gewesen. Schon lange vor dem Jahr 1968 bestand in Turin, in der „Curva Maratona" der Torino-Fans, eine große und leicht erkennbare Gruppe von Fans: Die Fedelissimi, die das Spiel mit Sprechchören, Lärm, Farben und was die seinerzeitige Technologie sonst noch hergab, animierte. Auch anderswo in den „Koordinationszentren" der verschiedenen Fanclubs gab es so etwas Ähnliches schon früher, immer schon.

Die Schals, die Fahnen, die Tröten und die als Trommeln genutzten Weißblechdosen gab es im Stadion schon vor dem Auftauchen der Ultras. Es gab sie schon immer. Mithin charakterisiert es nicht die Ultras, dass sie ihre Begeisterung für den Fußball choreografisch begleiten.

Also ist es die Gewalt, wird man sagen. Aber auch die Gewalt gab es im Umfeld der Spiele schon immer. Schon immer hat der Support im Fußball Grenzen überschritten und war Ventil für Spannungen zwischen Regionen und Orten. Schon in den Anfangsjahren des italienischen Fußballs zu Beginn des 20. Jahrhunderts waren nicht nur Pistolen im Stadion präsent (doch, Pistolen), so wie im bekannten Fall des Meisterschaftsfinales 1925 in Turin, als Fans aus Genua und Bologna am Bahnhof aufeinander trafen und sich gegenseitig beschossen. Die Gewalt war schon in den Gründungsjahren des italienischen Fußballs genereller Bestandteil des Spektakels, wie der Historiker Gianni Brera berichtet:[3]

> *„Der Fußball bietet eine hervorragende Grundlage für wiederkehrende kollektive Fehden. Zum Fußballplatz dieser oder jener Stadt zu fahren bedeutet, jedwede Konsequenz in Kauf zu nehmen, Krankenhausaufenthalt nicht ausgenommen."*

Ganz zu schweigen von den Derbys, den Spielen zwischen Mannschaften derselben Stadt. Hier der Bericht der Gazzetta dello Sport vom römischen Derby des Jahres 1931 aus einem Buch von Valerio Marchi:[4]

> *„Der Schiedsrichter hat die Partie gerade abgepfiffen und wir sehen Spieler von Lazio und AS Roma, die handgreiflich werden; es eilen Betreuer herbei im Versuch, sie zu trennen, und es kommt auch die Masse, die sich auf der Laufbahn bereithielt; die Verwirrung ist groß und wird noch verstärkt durch die Platzerstürmung durch einen Teil des Publikums. Die Ordnungsmacht hat große Mühe, das Spielfeld wieder zu räumen, und schafft es erst nach mehreren Versuchen und ohne verschiedene Auseinandersetzungen nicht wirklich nur verbaler Natur verhindern zu können."*

---

3) Gianni Brera, *Storia critica del calcio italiano*, Bompiani, Milano 1975 (1998 neu aufgelegt von Baldini & Castoldi Dalai).

4) Valerio Marchi, Il derby del bambino morto. Violenza e ordine pubblico nel calcio, DeriveApprodi, Roma 2005.

Und nochmals, wieder in Bezug auf die Verhältnisse in Rom, in der Mitte der 30er Jahre:

„Es ist allgemein bekannt, ohne jeglichen Widerspruch, wie sich in der großartigen, enthusiastischen, wohlerzogenen und höchst sportlichen Masse der Fans des AS Roma seit einiger Zeit eine tumultsuchende Minderheit von Schurken eingeschlichen hat, die mit ihrem rowdyhaften Benehmen den guten Namen des glorreichen Römer Vereins beschmutzen."

Dieses letzte Zitat scheint gestern erst geschrieben worden zu sein, nicht im faschistischen Italien der 30er Jahre. Wie viele Male haben wir in den letzten Jahren von der *„tumultsuchenden Minderheit von Schurken"* gehört? Unter diesem Gesichtspunkt hat sich (fast) nichts verändert: Zwei von vier Derbys (Rom und Turin) sind immer Spiele mit erhöhtem Risikofaktor geblieben, und die Auswärtsfahrten bringen regelmäßig ein nennenswertes Gefahrenpotential mit sich. Du weißt, wenn du auf bestimmte Auswärtsfahrten gehst, begibst du dich in Gefahr. Wenn du aus Pisa bist und nach Livorno fährst, wenn du nach Florenz fährst, um Bologna anzufeuern, wenn du überhaupt nach Bergamo oder Verona fährst – oder umgekehrt – gehst Du Risiken ein, da gibt es nichts dran zu drehen. Es gibt Städte, die sich seit tausend Jahren hassen, und es gibt Städte, wo man gewaltbereiter ist: alle, nicht nur die Ultras. Das war schon immer so. Jeder 70-Jährige, der sein ganzes Leben lang das Stadion besucht hat, kann Stunden damit verbringen, von Schlägen und Tritten zu erzählen, von Prügeleien mit dem Schirm auf den Rängen von Stadien in ganz Italien. Und an dieser Stelle irrt, oder vereinfacht, sogar Antonio Roversi, Soziologe der Schule *„Il Mulino"*[5],

---

5) A.d.Ü.: *„Il Mulino"* ist der Name einer italienischen nicht staatlichen Organisation und der zugehörigen Publikation, die gesellschaftliche Phänomene untersucht und zur Aufgabe hat, die demokratische

sicherlich der Gelehrte, der in Italien die interessantesten Äußerungen zum Thema gemacht hat. Die Gewalt vor der Geburt der Ultras scheint in der Tat nicht nur dem Kapitel *„Zügellosigkeiten im Stadion"* zugeschrieben werden zu können (wie Roversi in einem ansonsten unerreichten Buch der frühen 90er Jahre behauptete)[6], Zügellosigkeiten, die manchmal vom Spielverlauf bewirkt wurden und natürlich vom Schiedsrichter. In der Tat, die zerstochenen Reifen, die Hinterhalte am Straßenrand und die Steinwürfe auf Züge (es reicht, die „Sport"-Berichterstattung zu lesen), also Vorkommnisse, die vom eigentlichen Fußballereignis getrennt stattfinden und oft durchaus vorher geplant sind, haben die gesamte Geschichte des italienischen Fußballs charakterisiert. Der Ursprung ist höchstwahrscheinlich, ohne jetzt zu sehr die Schuld „der Gesellschaft" zu erörtern, in unserer unerbittlichen, blinden, leidenschaftlichen Ortsverbundenheit (*„campanilismo"*[7]) zu suchen, die sich seit Beginn der ersten Jahre des vergangenen Jahrhunderts auf fußballerische Rivalitäten übertrug.

Und so gibt es das erste Todesopfer von Gewalt in italienischen Stadien, Giuseppe Plaitano, 48 Jahre, vier Kinder, am 28. April 1963 im Umfeld extrem gewalttätiger Auseinandersetzungen während des Südderbys Salernitana gegen Potenza, in dem es um den Aufstieg in die zweite Liga ging. Im diesem Fall finden sich nun wirklich alle Merkmale von Gewalt im Fußballumfeld, lange vor den Ultras: Lokalpatriotsmus, die Bedeutung des Spiels, echte oder angenommene Be-

---

Zivilgesellschaft zu stärken und das öffentliche Bewusstsein zu schärfen.

6) Antonio Roversi, *Calcio, tifo e violenza. Il teppismo calcistico in Italia*, Il Mulino, Bologna 1992.

7) A.d.Ü.: Das Wort *„campanilismo"* bezeichnet die sehr italienische Eigenheit, nur das als Heimat zu sehen, und zu verteidigen, von wo aus man noch den Kirchturm (*„campanile"*) sehen kann.

nachteiligungen durch den Schiedsrichter, die Platzerstürmung durch Anhänger aus Salerno, die Zusammenstöße mit der Ordnungsmacht. Das Einzige, was sich leider nicht ändert, ist, dass man nie genau wissen wird, was sich wie genau zugetragen hat: Die offizielle Version wird sagen, dass Plaitano an einem Infarkt verstorben ist; andere, dass er durch einen Schuss aus einer Polizeiwaffe ums Leben kam; noch wieder andere, dass er von Einsatzkräften verprügelt und einem Transporter überrollt wurde. Wie man sieht, sind die Probleme und die Polemiken keine anderen als in den darauffolgenden 40 Jahren. Und trotzdem hat niemand 1963 in Italien oder Salerno jemals irgendetwas von Ultras gehört.

Was es aber vor 1968 wirklich noch nicht gab, was bis dahin niemals Eingang ins Stadion gefunden hatte, ist die antagonistische Dimension des Supports, die sich genau dann entwickelt, als in den Kurven die Beteiligten des sozialen und politischen Widerstands der Straße aufzutauchen beginnen, oder besser: sich zeigen. Besonders aus der außerparlamentarischen Linken und aus der Studentenbewegung, denen es um die politische Befreiung über Aktionen im täglichen Leben geht: Sehr oft handelte es sich um Personen aus dem Umfeld der *Lotta Continua*.[8]

Im Folgenden die Erinnerungen eines militanten Aktivisten der Lotta Continua aus der Gruppe *Fossa dei Grifoni* (Genua):[9]

„Es geschah während der Demos auf den Straßen sehr oft, dass man verschiedene Kollegen aus Mailand traf. Von denen war auch ein Großteil

---

8) A.d.Ü.: *„Der Kampf geht weiter"*: Eine aus der Studentenbewegung entstandene radikale und teils militante Gruppe der außerparlamentarischen Linken, die im Herbst 1969 in Turin entstand und zweitweise ihre eigene Zeitung veröffentlichte.

9) Aus: Luca Vincenti, *Diari di una domenica Ultrà: ventinove gennaio, Claudio Vincenzo Spagnolo*, Franco Angeli, Milano 2000.

Fans des AC Milan... meist Mitglieder der Ultrà-Gruppen Fossa dei Leoni und Brigate Rossonere, wo einige unserer Mitstreiter der extremen Linken mitmachten. Nicht alle Ultras folgten dieser politischen Tendenz. Und tatsächlich beteiligten sich einige nicht am Kampf, während wieder andere diesen rundheraus ablehnten. Es ist mir wichtig, darauf hinzuweisen, dass wir während der Demos in erster Linie Gefährten waren."

Man darf jetzt nicht denken, dass es sich wirklich um eine „Vereinnahmung" der Kurve durch die Politik handelte. Erstens, weil die Personen bereits *vorher* dieselben waren, in der Kurve wie auf der Straße, und zweitens, weil es sich zu einem großen Teil auch um einen formalen, ästhetischen Akt handelte, und zum guten Schluss, weil die fußballerische Leidenschaft der Kranken, die ins Stadion gehen, keinerlei Spaß erlaubt. Das ist keine Sache, die man zu leicht nehmen darf, und es ist kein Zufall, dass der Ultrà von Genoa das Bedürfnis verspürt, darauf hinzuweisen, dass man – jedenfalls auf der Straße – *„in erster Linie Gefährten war"*. Auf Dauer war die Entscheidung zwischen den beiden Passionen Fußball und Politik für viele eindeutig. Die Teilnehmer sind dieselben, die Einstellung war dieselbe, aber der Kult des Stadions verleibte sich in irgendeiner Weise alles ein und vereinnahmte es schließlich ganz.

Nochmals Roversi:

> *„Die ganze Last der Enttäuschungen und unerfüllten Erwartungen, die sich ab den Jahren 1969-70 anstaute, führte für einen großen Teil der Jugend zu einer Verschiebung der gemeinschaftlichen Aktivität heraus aus dem Bereich der sozialen Konflikte und hinein in das Feld der symbolischen Auseinandersetzung [...] An die Stelle des zum Fehlschlag verurteilten politischen Versuchs, das ganze Land zu „befreien", trat das leichter realisierbare Ziel, kleine Bereiche zu befreien, die man zu Symbolen der eigenen Andersartigkeit erwählt hat."*

Das würde im Grunde wie ein trauriger Rückzug erscheinen, aber mit der hinzugewonnenen, unberechenbaren Variablen der Leidenschaft für den Fußball, die alles und jeden wieder erweckt hat. Und so hat sich die Kurve geradezu aufgedrängt als ein perfekter Ort der Freiheit, den es einzunehmen und zu verteidigen gilt. Ultrà sein: in jedem Fall *gegen* etwas zu sein und zu fühlen, selbst nur irgendwie unklar, selbst nur oberflächlich. Sich von einer *Aura* des Widerstands umgeben zu fühlen.

Und so beginnt zusätzlich zu den traditionellen Instrumenten des Supports eben genau ab 1968 der Einzug der Stilmittel und Symbole der Demonstrationen der Straßen in die Kurven: Transparente, Megaphone, Ordnungskräfte, *Stalin*, Helme. Und dieselben Worte, dieselben Lieder. Und es ist bedeutsam, dass dies nur in Italien passiert, weil in England – dem anderen Land, in dem sich in diesen Jahren eine bestimmte Kultur des Supports im Stadion verbreitet – die Sprechchöre aus der populären Tradition und nicht aus der politischen entstehen.

Noch heute können einige die Gänsehaut nicht verbergen, wenn sie die Hymne der Brigate Rossonere hören, *„Tifosi rossoneri, tifosi milanisti"*, auf den Noten eines in den 70er Jahren sehr beliebten Lieds aus dem Volkskampf, *„Per i morti di Reggio Emilia"* („Für die Toten aus Reggio Emilia“) von Fausto Amodei. Und sie wird gesungen von Personen, die weit von all dem entfernt sind, was 30 Jahre früher die Massen bewegte, die absolut nichts wissen von der Armut der 60er Jahre, von den sozialen Verteilungskämpfen, von Ovidio Franchi[10] und Duccio Galimberti.[11] Aber noch heute wird die Hymne mit der eine P38-Pistole symbolisierenden Hand und dem Schal vor dem Gesicht gesungen. Man kann mit einiger Berechtigung sagen, dass es sich um eine traurige Parodie handelt, eine reine Nachahmung von mittlerweile sinnbefreiten Gesten. Aber man kann sich auch fragen, ob es nicht wahr ist, dass die Welt der Ultras für viele junge Menschen so attraktiv war, weil man in ihr eigentlich rein politisch bestimmte Impulse ausleben konnte. Ob „Ultrà sein“ für einen nicht zu vernachlässigenden Teil der Jugend nicht tatsächlich eine Art war, sich als politisches Subjekt zu äußern und einzubringen? Eine Generation, die insgeheim und zögerlich eine Gesellschaft betrauert, die vielleicht ärmer und schwieriger war, aber dafür anders, weniger verbogen und reicher an Möglichkeiten.

10) A.d.Ü.: am 07.07.1960 schießen Polizisten in Reggio Emilia auf eine Gewerkschafts-Demonstration. Zu den fünf zu beklagenden Toten gehört auch der 19-jährige Ovidio Franchi.

11) A.d.Ü.: Duccio Galimberti, italienischer Widerstandskämpfer gegen den Nazifaschismus, wird im Dezember 1944 von den faschistischen Schwarzhemden ermordet.

2
Fünfzig Straftäter, die nichts mit den wahren Fans zu tun haben

Von den vielen Märchen, welche die Ultras in den letzten Jahren begleitet haben, ist das am wenigsten fundierte sicherlich die alte Leier von den Straftätern, die keine Fans sind. Und zum großen Bedauern der Medien, der Fußballvereine und der öffentlichen Meinung, die diesen Witz 40 Jahre lang erzählt haben, ist die Realität eine andere. Sicherlich bedeutet der Gang in die Ultrà-Kurve auch noch eine Menge andere Dinge, aber genauso selbstverständlich ist die Leidenschaft für eine Fußballmannschaft die treibende Kraft und das wichtigste Bindeglied für die Ultras. Wenn man John King, dem Autor von „Football Factory“ zuhört, gilt das nicht nur in Italien:[12]

„Mir gefällt der Fußball im Fernsehen immer noch. Natürlich nicht mehr so wie als Kind, als ich alle Mannschaften und Spieler studiert habe, alle Aufstellungen und die Namen aller Stadien kannte, aber es ist eine Tradition des Samstagabends, die du nicht mehr verfolgst, wenn du älter bist, weil du in der Zeit raus gehst. Vielleicht werde ich als alter Mann wieder so wie früher. Vielleicht gebe ich meine Wünsche auf, nach Gewalt wie auch nach Sex, und ich kümmere mich wieder um die Sachen, die mir als Knirps gefallen haben.“

Der größte Teil der Jungs, die später Ultras wurden, ist schon seit der Kindheit ins Stadion gegangen, fast immer aus familiärer Tradition heraus. Kein kleiner Junge, der im Kopf halbwegs in Ordnung ist, kann ins Stadion gehen und sich dann nicht wünschen, in der Kurve zu stehen. Auf Stehplätzen, wo man singt, wo man klatscht, wo es Zoff gibt. Und also entledigt er sich, sobald wie möglich, seines Vaters, On-

12) John King, *The Football Factory*, Heyne, München 2010.

kels oder jeweiligen Aufpassers und geht in die Kurve, allein.

Aber er geht da nicht hin, weil er sich nicht für das Spiel interessiert, im Gegenteil. Ich sage es noch einmal: Die Leidenschaft für den Fußball ist ein unverzichtbarer Bestandteil des Räderwerks. Und wenn man beginnt, in der Kurve zu stehen, dann weil man in der Kurve besser supportet. Weil man näher an der Mannschaft ist. Weil man sich mehr eingebunden fühlt in ein Ereignis, das sowieso und für sich genommen schon begeisternd ist. Aber auch, wer sich dem Stadion erst in einem „reiferen" Alter nähert, vielleicht gerade über die Ultras (die immer schon einen spontanen und funktionierenden Ort des Beisammenseins darstellten), hat noch nie lange gebraucht, um sich wirklich leidenschaftlich für das Spiel und die Belange der Mannschaft zu begeistern.

Dass später dann noch ein Mechanismus hinzukommt, der aus den Siegen der Mannschaft immer auch Siege der eigenen Fans macht, die immer zahlreicher werden und sich auf größeren Bühnen präsentieren können, ist sicherlich wahr. Genauso wahr wie die Tatsache, dass sich in der Verbundenheit der Fans mit dem Trikot auch soziale Phänomene spiegeln, die nichts mit dem Fußball zu tun haben (Lokalpatriotismus, Gruppenverhalten). Aber es gibt keinen regelmäßigen Stadionbesucher, Ultrà oder nicht, der sich nicht auch für das Spiel selbst begeistern würde, dessen taktische Aspekte oder für das Ergebnis.

Es wäre schön gewesen, wenn ich zu den verschiedenen Aspekten des Phänomens Ultrà – analog zu John King – auch italienische Autoren hätte zitieren können. Aber unsere Literatur zum Thema (Ultras im Speziellen, Jugendkultur im Allgemeinen) ist nun wirklich nicht gerade eine Goldmine von Texten, die man sich nicht entgehen lassen darf. Es gibt die (zum Teil ganz hübschen) selbstverlegten Bücher der

Ultras, die sich aber bis auf ganz wenige Ausnahmen[13] als eine ermüdende Folge von *„da haben wir ausgeteilt, hier haben wir auf die Fresse bekommen, da waren wir 10.000 und hier haben wir die Bullen in die Flucht geschlagen"* etc. herausstellen.

Dann gibt es noch die Texte der Soziologen, die aber immer den Eindruck vermitteln, dass man Wasser in einer Pappschachtel transportieren will, dass man über starre Kategorisierungen ein Phänomen erklären will, das gerade in der Irrationalität, der ästhetischen Dimension, dem Humor und der Improvisation seine Grundlagen hat.

Deswegen hier meine Definition: Im Folgenden wird als Ultrà jemand verstanden, der in die Kurve geht, der sich oftmals einer bestimmten Gruppe angeschlossen hat, singt und Schal oder Fahne trägt. Fast immer ist er bei Auswärtsfahrten dabei, und auch hier sind Schal und Fahne wieder mit von der Partie, und vor allem das gemeinsam mit den anderen getragene Kurvenbanner. Man versteckt sich also nicht.

Zusammengefasst also jemand, der nicht unbedingt gewalttätig ist, aber eben ein potentieller Gewalttäter, der nicht von Vornherein ausschließt, dass er womöglich Gewalt einsetzen muss. Denn wenn man mit dem Schal auf Auswärtsfahrt geht, bekommt man in Italien *sehr* leicht Ärger.

Die wissenschaftlichen „Erkenntnisse" über die Welt der Kurven, selbst diejenigen, die uns herausragende Soziologen im Laufe der Jahre

---

13) Insbesondere wegen der publizistischen Qualität weise ich auf das kaum noch erhältliche Buch von Silvio Cametti hin, *I guerrieri di Verona, Brigate Gialloblù dal 71 a oggi*, Sport Communication, Verona 1997 und *Nella Fossa dei Leoni. Storia della Fossa dal 68 ai nostri giorni*, Libreria dello Sport, Milano 2002. Von den Videos, auch wenn es sich nicht wirklich um eine Eigenproduktion handelt, ist wunderschön – beim Titel beginnend – das von zwei Regisseuren aus Bergamo produzierte *Farebbero tutti silenzio* (2002) über die Atalanta-Ultras. Die beste Bibliografie zum Thema Ultras (Bücher der Ultras und Bücher über Ultras), u.a. perfekt kommentiert, findet sich unter folgender Internet-Adresse: http://www.asromaultras.it/bibliografia.html

geschenkt haben, wird trotzdem jeder Ultrà lachhaft finden oder sich darüber aufregen.

Unvergesslich der *Rapporto Italia '96* von Eurispes, der vom einzelnen Ultrà als *„aus einer heterogenen sozialen Gruppe stammend“* sprach – bis hierhin ist alles in Ordnung – *„die von der Mittelschicht bis in die unteren Volksschichten mit niedrigem Bildungsstand reicht“* – also schlussendlich dann doch nicht allzu heterogen, aber das Beste kommt erst jetzt – *„arbeitslos oder normalerweise in wenig anspruchsvollen Berufen arbeitend“* und *„im täglichen Leben immer hinten dran“*. Wer weiß, ob die Soziologen einfach gelogen haben oder ob – und das wäre dann in der Tat dramatisch – sie wirklich daran geglaubt haben. Diese „Analyse“ könnte vielleicht – und ich unterstreiche: vielleicht – irgendeine Relevanz für die Verhältnisse in England haben (und wenn überhaupt, dann nur für die 70er und 80er Jahre), hat aber überhaupt nichts zu tun mit der Realität in Italien, nicht einmal, wenn man mit dem Wort „Ultrà“ – fälschlicherweise – nur gewalttätige Fans etikettieren wollte.

Und in der Tat, jedes Mal, wenn die Massenmedien es wirklich einmal schafften, irgendeinen Ultrà zwischen die Finger zu bekommen, gewalttätig oder nicht, wenn sie die Ultras einmal wirklich vor sich hatten, war es plötzlich nicht mehr so einfach, sie mit den gewohnten, beruhigenden und bequemen Stereotypen zu beschreiben, und man musste sich mit neuen Soziologismen behelfen, welche die alten Stereotypen ersetzen sollten.

Dies galt für die ersten Verhafteten der 90er Jahre (die berühmten „Zwölf“ aus Verona[14], verhaftet nach einem Spiel zwischen dem AC Milan und Hellas Verona, mit nachfolgender Auflösung der Brigate Gialloblù).

---

14) A.d.Ü.: So berühmt sind die „Zwölf aus Verona“ im deutschen Sprachraum nicht, aber sie werden noch Thema eines folgenden Kapitels dieses Buchs.

Es galt so für die Gruppe Barbour (oder Brigate II), die Milan-Fans, welche die Auseinandersetzungen in Genua provoziert hatten, in deren Verlauf einer von ihnen Vincenzo Spagnolo erstach, und die als Sprösslinge des lombardischen Bürgertums identifiziert wurden. Und das galt so für die drei Ultras des AS Rom, die den Platz stürmten, um das „Derby des toten Kinds" abzubrechen. Allesamt Leute, die arbeiteten, normale Leute. Staatsbürger, Steuerzahler.

Jedes Mal dieselbe Reaktion: „Schau mal, die Ultras sind gar nicht so, wie wir uns die vorgestellt haben; es gibt einen neuen Typ Ultras, das ist ein ganz merkwürdiger Rowdy. Da muss irgendwas dahinterstecken."

Dabei steckt überhaupt nichts „dahinter", außer dass keiner der italienischen Journalisten (von den Ultras meist sowieso nur als „Journaille" tituliert) sich jemals die Mühe gemacht hätte, selbst eine Kurve zu betreten. Was will die Leserschaft denn hören? Dass der Ultrà ein Rowdy ist, Produkt der Armut und der Ausgrenzung. Und wir sagen ihnen das.

Besser als unsere Schreibtisch-Helden sind also allemal die investigativen „Undercover-Journalisten" in angelsächsischer Tradition. Die machen wenigstens ihren Job, sind wenigstens wirklich in den Kurven gewesen, haben gesehen und selbst riskiert, sowohl mit ein paar Ohrfeigen aus einer Auseinandersetzung nach Hause zu kommen wie auch entdeckt zu werden, was sicherlich noch teurer gekommen wäre. Wenn unsere Journalisten ein Minimum an Selbstachtung hätten, würden sie sich gedemütigt fühlen, dass es einen nach Verona verpflanzten Engländer brauchte, um zu berichten, was von den Veroneser Brigate Gialloblù und ihrer Welt noch übrig geblieben war: Tim Parks' Artikelserie für den Guardian, sein Buch und seine provokante Studie über das Land Italien anhand des Fußballs[15]. Es gibt schlichtweg keine von Ita-

15) Tim Parks, *Eine Saison mit Verona.* Eine Reise durch Italien auf der Suche nach Träumen, Fußball und dem herzen des Landes. Goldmann, 2005

lienern erstellte Studie, die auch nur ein Minimum an Wahrnehmung außerhalb des Umfelds der fachlich und beruflich mit dem Thema befassten Experten erfahren hätte.

Auch Fernsehen oder Printmedien spielen keine Rolle. Einzige Ausnahme sind zwei Dokumentationen vom Ende der 70er Jahre nach dem Tod von Paparelli.[16]

Zurück zur Wissenschaft: Auch andere soziologische Abhandlungen sind eher mit Vorsicht zu genießen, selbst ernsthaftere als die von Eurispes, wie zum Beispiel die von Alessandro dal Lago[17] über Gewalt, die seiner Ansicht nach eher gestellt oder simuliert als wirklich ausgeübt wird (oder *Aggro*, wie es die Engländer nennen; für Roversi gilt dies hingegen nicht, der spricht von Gewalt *tout court*).

Denn zunächst einmal gilt das Geschriebene für jegliche Massenveranstaltung: Vom Standpunkt der Simulation von Gewalt aus gibt es keinerlei Unterschied zwischen der Kurve eines Stadions, einer politischen Demonstration oder einer „harten" gewerkschaftlichen Kampfmaßnahme. Aber vor allem handelt es sich um eine Schlussfolgerung, die eine starre Grenze aufzeichnet, die in Wirklichkeit so labil ist, dass man sie getrost vernachlässigen kann: Wer sich selbst einmal in einer

---

16) Eine Ausnahme sind die Briefe, die der *Guerin Sportivo* von Italo Cucci gesammelt und 1982 veröffentlicht hat. Der erste stammt von Geppo, historischer Anführer der AS Roma-Fanszene, und endet wie folgt: „Ich ging ins Stadion, um den Namen meiner Mannschaft in den Himmel zu schreien, ‚irgendwer' hat mir nahe gelegt, zu Hause zu bleiben, ich habe noch meine Freunde mitgenommen! Oft während der absurden Kriege, die in der Kurve ausbrachen, sah ich mich plötzlich einem anderen ‚Asozialen' gegenüber, dieselben Haare, dieselbe Wut, aber er spricht keinen Römer Dialekt, hat einen anderen Schal mit anderen Farben. Wer weiß, vielleicht vereinen wir uns eines Tages, anstatt mit Stangen aufeinander loszugehen." Beunruhigend in seiner ihm eigenen blitzgescheiten Bitterkeit, zumal wenn man bedenkt, dass wir 1982 schreiben, hier das Ende von Cuccis Antwort: „Und wir sind hier und können nichts machen und warten auf die nächste Ankündigung von runden Tischen, Gesprächen, Forschungen. Worte, Worte, Worte über die Gewalt in Stadien. Ich wiederhole: Ist es eigentlich sehr schwierig, zu versuchen, schon vorher mal irgendetwas zu tun?" (Guerin Sportivo, n. 34, S. 25-31, August 1982. Viele weitere Briefe in den weiteren Ausgaben desselben Jahres).

17) Alessandro dal Lago, *Descrizione di una battaglia. I rituali del calcio*, Il Mulino, Bologna 1990.

angespannten Situation befunden hat oder mitten in einer Schlägerei, weiß genau, wie wenig es braucht, um von der Androhung von Gewalt in echte Gewalt umzuschlagen, von der Darstellung zu den Fakten, vom Spaß ins Krankenhaus.

Jedenfalls gibt es in Bezug auf die italienische Ultràkultur herzlich wenig zu lesen, besonders wenn man eine englische Buchhandlung zum Vergleich heranzieht. An bekannter Belletristik zum Thema fällt mir nur *I furiosi*[18] von Balestrini ein, das trotzdem in erster Linie eine intellektuelle und literarische Arbeit bleibt und keine Analyse der Gebräuche, der Moden, die auf die Ultras zurückgehen oder durch die sie sich inspirieren lassen haben. Außerhalb der Nische gibt es keinerlei journalistische Fragestellungen, die auch nur minimal bedeutsam gewesen wären. Ein paar Diplomarbeiten und sonst nichts.

Aber an dieser Stelle, und es ist nicht die einzige, dürfen sich die Ultras nicht beschweren, denn wer hätte diese Geschichte denn schreiben sollen, wenn nicht sie selbst? Und wenn sie es nicht selbst getan haben, wenn wir es nicht getan haben, *wir* im Sinne von Ultras und Generation, vor allem die der 70er Jahre ungefähr, dann weil wir nicht in der Lage oder nicht wirklich Willens waren, zu kommunizieren, von uns zu erzählen, uns die Kommunikationskanäle zu eigen zu machen oder selbst welche zu erfinden. Aber das ist unsere Schuld. „Revolution heißt, sich den Arsch aufzureißen, Schweiß und Anstrengung", schreibt Luca Rastello in *Piove all'insù.*[19]

Also müssen wir uns, um ebenso ernsthafte wie tiefsinnige Worte zu finden, die uns wirklich einen Schritt voranbringen im Verständnis des Phänomens, wieder mal an Roversi wenden, der es wirklich geschafft hat, die Ursachen, oder besser gesagt Nicht-Ursachen für das Phäno-

---

18) Nanni Balestrini, I furiosi. *Die Wütenden.* ID-Verlag, 1994

19) Luca Rastello, *Piove all'insù*, Bollati Boringhieri, Torino 2006.

men Ultrà in all ihrer Ungreifbarkeit am gründlichsten und konkretesten herauszuarbeiten und zusammenzufassen:

„Es scheint fast, dass in diesen Jahren alles nach den Gesetzen einer schicksalhaften Notwendigkeit verläuft, nach einer Regel, die fälschlicherweise als etwas Höheres, zu Respektierendes angesehen wird."

3
Wie ein Öltropfen

Auf die Gründung der Fossa dei Leoni des AC Milan (zu denen sich sofort die Commandos Tigre gesellten) 1968 folgen Gruppen in allen wichtigen Städten Norditaliens: 1969 werden in Genua die Ultras Tito Cucchiaroni geboren, die ersten, welche die Bezeichnung „Ultras" verwenden (der vom französischen *ultra-royaliste* stammt[20]).

Im gleichen Jahr gründet sich eine weitere Gruppe, auf der anderen Seite Mailands, die Boys S.A.N. (Squadre d'Azione Nerazurre, „Schwarzblaue Aktionseinheiten"), die sich als erste ausdrücklich zur rechten Gesinnung bekennen. Darauf – 1971 – werden in Turin die Ultras Granata offiziell aus der Taufe gehoben und in Verona die Brigate Gialloblù. Im Jahr darauf erreicht das Phänomen die beiden großen Metropolen des zentralen Süditaliens, mit dem Commando Ultrà in Neapel und Boys und Fedayn in Rom. Die Auflistung der wichtigsten Gruppen dieser Gründerzeit beschließen die Genueser Fossa dei Grifoni, gegründet 1973, und die Florentiner Ultras, die aus der historischen Gruppierung Settebello entstanden und ab 1973 den Namen Superstar Supporters annehmen (1978 kommt das Collettivo Autonomo Viola) hinzu.

Das Phänomen breitet sich in rasanter Geschwindigkeit auf alle bedeutsamen Städte in Nord- und Mittelitalien aus. Ein paar Jahre später (1977), schließen sich die zahlreichen Fans des AS Roma, welche die Südkurve des Olympiastadions bevölkern, im Commando Ultrà Curva Sud (CUCS) zusammen, und wir können dieses Datum als Zeit-

20) A.d.Ü.: Andere Theorien besagen, dass der Begriff „Ultrà" zuerst von Journalisten verwendet wurde, um ihrer Meinung nach „übertriebene" Verhaltensweisen bestimmter Fans des „Toro" zu klassifizieren. Siehe auch Wikipedia zum Thema.

punkt der endgültigen Explosion der Ultras vermerken. Und Italien ist gemeinsam mit England zweifellos *das* europäische Land, in dem sich das Phänomen am bedeutsamsten zeigt und die meisten Menschen betrifft.[21]

Gegen Ende der 70er Jahre gibt es keine italienische Stadt mit einer Mannschaft in der Serie A, B oder C, von Trento bis Siracusa, die keine Ultrà-Gruppierung vorzuweisen hätte. Ein großer Teil dieser ersten Gruppierungen – außer den Boys S.A.N. von Inter, aber inklusive der Brigate Gialloblù aus Verona, die später als prototypisch rechtslastige Gruppe in die Geschichte eingehen – werden von Leuten gegründet, die etwas mit der außerparlamentarischen Linken zu tun haben oder zumindest mit ihr sympathisieren. Verständlich: Als man das Ende der revolutionären Politik der 60er und 70er als Fluchtpunkt jugendlichen Widerstands zu begreifen beginnt, muss das Stadion vielen wie der perfekte Fluchtweg vorgekommen sein. Man kann weiter Unfug treiben, man kann weiterhin zusammen sein und man kann weiterhin die Kämpfe „feiern".

Und trotzdem ist die Kurve, auch ganz unabhängig von den gewalttätigen und extremistischen Aspekten, ein großartiger Ort, an dem man sich nur zu gern aufhält. Die Stimulation und die Leidenschaft, die in der Gruppe selbst entstehen, beziehen weitere Nahrung aus dem sportlichen Geschehen, aus dem Lokalpatriotismus und aus der Rivalität. Außerdem garantiert das Stadion den Gruppen einen Ort regelmäßiger, planbarer und zahlreicher Zusammenkunft. Zusätzlich bietet es auch noch einen sehr stabilen und relativ unzerstörbaren Grund für das

21) A.d.Ü.: Ich weiß nicht, inwieweit Francesios Zusammenfassung der beiden Phänomene „Ultras" (Italien) und „Hools" (England) mehrheitsfähig ist, und es liegt auch nicht an mir, dies zu diskutieren. Daher sei an dieser Stelle nur angemerkt, dass beide „Stilrichtungen" sich zwar in etwa zur selben Zeit entwickeln, aber strukturell dann doch in der Tat recht verschieden sind. An anderer Stelle (Heysel) arbeitet der Autor diese Umstände dann noch sauber heraus, an manchen Textstellen erscheinen mir die gezogenen Parallelen zwischen beiden Welten aber selbst zu sehr betont.

Zusammensein und den Zusammenhalt: die Passion für den Fußball. Bald wird auch, um den angeborenen Narzissmus der Protagonisten eines solchen Phänomens zu befriedigen, das Fernsehen dazukommen. Und so überdauerte das Phänomen Ultrà, im Gegensatz zu anderen Jugendbewegungen in ähnlichen Situationen, den Lauf der Zeit und bewahrte sich seine Faszination von Widerstand und Rebellion.

Und über all diese Jahre – und zwar ganz unabhängig davon, dass die öffentliche Meinung immer einstimmig feindlich gesonnen blieb – waren die Kurven der wichtigste, wenn nicht der einzige Ort für spontanes und massenhaftes Zusammensein der jüngeren Generationen. Und es liegt sehr wahrscheinlich auch an dieser ständigen inneren Neubelebung der widerständlerischen Komponente, dass das Bild des Ultràs in den Medien auf das Stereotyp des Rowdys reduziert wurde (Erbe des *teddy boy* und des *folk devil* der angelsächsischen Tradition). Politisch nicht zu verteidigen, im Laufe der Jahre immer mehr Spielball einer sozialen Aufregung, die einerseits nicht immer nachzuvollziehen war, und die andererseits immer in fragwürdige Abwehrstrategien ausartete. Diese führten am Ende zu einem enormen Aufwand an gesellschaftlichen Mitteln, Geldern, Ressourcen und Energie und zogen Polemik, Ausschreitungen und Verletzungen jeder Art nach sich.

Allerdings sind dies bereits die Schussfolgerungen, wir hingegen stecken immer noch am Anfang der Geschichte, genauer im Jahr 1968, bei den ersten Ultrà-Gruppen und also in der ersten Phase der Ultrà-Bewegung. In diesen ersten Jahren formte sich die fast schon mythische „Ultrà-Mentalität" (*„mentalità ultras"*), bestehend aus wenigen, elementaren Regeln: Treue zur Gruppe, Respekt für die Alten der Kurve, das Konzept der ehrenvollen körperlichen Auseinandersetzung, welches Angriffe aus dem Hinterhalt ebenso ausschließt wie Angriffe in Überzahl oder Aggressionen gegen Nicht-Ultras sowie Aggressionen mit Tötungsabsicht und damit auch den Einsatz von Messern. Wenige, klare Regeln, wie sie in allen archaischen „Stammesorganisationen" in der einen oder anderen Form zu finden sind. Hierarchische Anarchie könnte man das nennen: Jeder macht, was er will, aber was einer will, ist fast immer auch das, was auch die Chefs, oder besser: die Anführer der Kurven wollen. Die, welche die „Richtlinien" zusammenstellen. Und wie werden diese sogenannten Capos gewählt bzw. auserkoren?

Wie in allen archaischen Gemeinschaften: Anhand von Treue, Leidenschaft, Alter, Mut, Schlauheit, Kohärenz und Charisma.

Die Fotografien der Kurven um die Wende der 60er und 70er Jahre bezeugen auf eindrückliche Weise den „Szenenwechsel" im Vergleich zu dem, was bislang die Welt des Stadions war. Aber es handelt sich um denselben Wandel, der sich im ganzen Land vollzieht: Von harten, ausgezehrten Gesichtern in Schwarz-Weiß (Gesichtern, die zwar immer noch die Zeichen des Krieges und der Armut trugen, die aber noch lachen konnten und auf ihre Weise zufrieden wirkten) wechselt man zu farbstichigen Gesichtern, verhüllt und finster. Eine Aura des Todes umweht die Kurven der frühen 70er Jahre: Es formieren sich enorm viele „Brigaden" (*„brigate"*), um eine Herkunft, oder schlimmer: eine Zukunft zu benennen. Dennoch ist es notwendig, darauf hinzuweisen, dass die ersten Ultrà-„Brigaden" gegründet werden (die „Brigate Gialloblù" aus Verona 1971, die Rot-Schwarzen des AC Milan und die Blau-Schwarzen von Atalanta kommen ,75 bzw. ,76 dazu), als die gerade formierten Roten Brigaden (*„Brigate Rosse"*) von Brandstiftungen zur Entführung eines Exponenten der Industrie wechselten, aber noch nicht die Terroristenvereinigung auf den weltweiten Titelseiten waren.

In der Ikonografie der Kurven der frühen 70er Jahre überwiegen die Totenköpfe auf Fahnen und Bannern, die bösartigen Gesänge, die Kreuze und Särge. Andere Namen aus diesen Jahren, nur um die *couleur du temps* zu beschreiben: Commandos, Fighters, Fedayn und in Florenz das Autonome Kollektiv Viola („Collettivo Autonomo Viola").

Die Situation wird – wie immer eigentlich offensichtlich – parallel zu der des ganzen Landes immer grausamer. Aber genau deshalb, weil es eben offensichtlich viel wichtigere Dinge zu bedenken gibt, interessiert sich zu Beginn der 70er Jahre niemand dafür, was in den Stadien vor sich geht. Dort allerdings wird blindlings aufeinander eingeschlagen.

Polizei: kaum vorhanden; Sicherheitsmaßnahmen: null; Kontrollen: finden nicht statt. Im Mailänder San Siro ist der zweite Oberrang völlig offen, darüber, auf den Stufen, und darunter, im Durchgang, kommt man völlig frei von einem Stadionbereich in den anderen, von einer Kurve zur anderen. Ideal für Gruppen auf der Suche nach Zoff. Und die Ultras suchen in der Mehrheit genau diesen. Das große Spiel hat begonnen.

4
Kämpfe

Achtung: „Kämpfe", nicht: „Gewalt". Die Gewalt gab es schon immer im Fußball. Die organisierten Zusammenstöße nicht. Die Kämpfe sind eine Spezialität der Ultras, wahrscheinlich aus den politisch motivierten Straßenkämpfen entlehnt, wenngleich der zeitliche Ablauf hier zweifelhaft ist, denn in Wirklichkeit begannen die systematischen und organisierten – fast ritualisierten – Zusammenstöße, im Stadion wie auf den Straßen, mehr oder weniger gleichzeitig mit Beginn der 70er Jahre.

Und für die Ultras sind die Kämpfe ein entscheidendes Element: An Auseinandersetzungen teilzunehmen war ein unverzichtbarer Aspekt für den Großteil der italienischen Ultras. Um sich als Gruppe zu behaupten, reichte die „Verteidigungshaltung" nicht aus, konnte es nicht ausreichen, auswärts die eigene Stellung und das eigene Banner zu verteidigen und auf Angriffe zu reagieren. Man musste auch selbst aggressiv sein, und dies sorgte dafür, dass die Zahl riskanter Auseinandersetzungen exponentiell anstieg. Irgendein Blödsinn reichte, um eine Rivalität zu schaffen, und die Rivalität forderte Auseinandersetzungen.

Aber am Ende, besonders in den letzten zehn Jahren, hat die Unfähigkeit, diese Dimension zu überwinden, am Spiel der Auseinandersetzungen (das absolut kein „Spiel" mehr war, wenn es denn überhaupt jemals eines war) einfach nicht mehr teilzunehmen, die Bewegung wahrscheinlich in den Selbstmord geführt. Man hätte an einem gewissen Punkt in der Lage sein müssen, nicht nur Klingen, Verräter oder Hinterhalte zu verdammen – was, nebenbei bemerkt, auch nie wirklich effektiv gelang – sondern auch aus der Logik der „ehrenvollen Auseinandersetzung" ausbrechen müssen. Es sollte eigentlich jedem einleuchten, dass keine normale Gesellschaft es sich erlauben kann, derartige

Gepflogenheiten zu tolerieren. Wenn man dann noch in einem Land lebt, das sowieso ernste Schwierigkeiten mit dem Erhalt der öffentlichen Ordnung hat, ist klar, das die Probleme sich multiplizieren und verschärfen.

Valerio Marchi schreibt, dass die Ultras von der öffentlichen Meinung immer schon negativ aufgenommen und deshalb von den Ordnungskräften mit einer teilweise unverständlichen Härte bekämpft wurden. Denn sie wurden oberflächlich betrachtet als

> *„ein Gegner ohne Ziel oder Gesetz, namenlos und flüchtig, nur von der reinen Lust zur Gewalt getrieben, irrational bis zu einem Punkt, der jegliche Strategien jenseits reiner Zwangsmaßnahmen wirkungslos macht.“*

Diesmal stimme ich mit Marchi überein: Der Staat, die Gesellschaft, die Polizei und die Carabinieri hätten in diesen 40 Jahren gegenüber den Ultras viele andere Dinge tun können, als sie zu dämonisieren und wahllos niederzuknüppeln. Denn es gibt trotzdem immer mehrere Möglichen der Repression, und in Italien hat man immer die schlechtere gewählt.

Aber ich habe bis heute auch oft Zweifel: Vielleicht sind die Ultras wirklich nichts weiter als gelangweilte Kinder einer lustlosen und zu reichen Generation, eine Horde frustrierter Rowdys, unkontrollierbar und sinnlos gewalttätig, die wirklich einmal einen *echten* Krieg erleben müssten. Auch andere müssen denselben Zweifel gespürt haben, wenigstens die Nachdenklichen, die an dieser Welt ernsthaft teilgenommen haben und teilnehmen. Besonders die Auswärtsfahrten stellen sich allzu oft als nicht enden wollender Marathon des Selbstverfalls heraus: grundlose Gewalt, Zerstörungen. Gruppen gestörter und bedrohlicher Jugendlicher bewegen sich über die Halbinsel und plündern dabei Autobahnraststätten, prügeln sich auf Straßen oder in Bahnhöfen, beleidigen, terrorisieren und bedrohen jeden, den sie dabei zufällig antreffen, einfache Passanten oder Polizisten. Daher stellt es sich für den Staat oft wirklich schwierig dar, zu „verhandeln“, besonders vor Ort.

Dies darf aber nichts am Unbehagen ändern, an der tiefen staatsbürgerlichen Frustration, die jeden ergreifen muss, der Bürger Italiens ist und als solcher empfindet und sich konfrontiert sieht mit den Übergriffen der Polizei, wie sie besonders für die letzten zehn Jahre charakteristisch waren. Mit der sinnlosen Gewalt, mit außer Kontrolle geratenen Einheiten, mit immer stumpfsinnig-brutaleren Einsatzstrategien, und das alles unter der ohrenbetäubenden Stille der Massenmedien. Aber das alles darf keine Rechtfertigung für die Ultras werden, die selbst die Kraft hätten finden können, ja hätten finden müssen, aus dieser selbstzerstörerischen Spirale auszubrechen und sich als Bewegung „zu retten“. Man hätte letztlich verstehen müssen, dass die Zeit der Spiele der Ausschreitungen bereits seit längerem vorbei war, mindestens seit Beginn der 80er Jahre, als der Gebrauch von Klingen von der Ausnahme zur Norm wurde. Mindestens seit dem Tod Spagnolos.

Sie hätten es begreifen müssen. Aber das haben sie nicht getan. Sie haben weiter die Kämpfe gesucht. Weil die Kämpfe einfach zu schön sind.

Das darf man nicht sagen, ich weiß, weil es uns nicht gelingt zuzugeben, genau so zu sein, dominiert von unseren niedersten Instinkten, von unserer ebenso antiken wie infantilen Wildheit. Aber das ist die einzige Erklärung. Ich kann, nach einem Vierteljahrhundert in der Kurve, keine andere Antwort geben. Das Adrenalin, die Spannung, die reine Energie, die während einer Prügelei frei wird, haben eine Verführungskraft, die man nie wieder verdrängen kann. Also machst du es wieder. Und in viel klareren Worten als meinen hat das auch John King so geschrieben:

„In deinem Inneren scheißt du dir in die Hosen vor Angst, aber das Gefühl ist dermaßen geil, dass es dir mehr als alles andere auf der Welt gefällt. Also wirst du die Angst überwinden und du wirst etwas getan haben, was ein Leben lang hält. Sie sagen, es ist das Adrenalin, und da wird auch etwas dran sein, aber alles, was ich weiß, ist, dass es unvergleichlich ist. Weder Drogen noch Sex noch Geld, das hier ist das Größte.“

Dem ist nichts hinzuzufügen.

Die Auseinandersetzungen finden, laut der Mentalität der Ultras, mit „verhassten“ Gruppen statt, und es handelt sich um einen Hass, der in den ersten Jahren der Ultrà-Bewegung seine Wurzeln im Lokalpatriotismus hat, dem bereits erwähnten „campanile“. Man hasst die Fans des anderen Vereins der eigenen Stadt, und man hasst die Fans der Nachbarstadt. Mailänder gegen Turiner und Genuesen, Veronesen gegen Leute aus Bergamo und Brescia, Pisani gegen Livornesi, Leute aus Bologna gegen Fans aus Modena und Florenz, Römer gegen Neapolitaner, Napoli gegen Salerno, Catania gegen Palermo und umgekehrt und überhaupt etc. pp. Eine geografische Tombola des Hasses. Ein ebenso verbreiteter wie verwurzelter Hass, klassenübergreifend, angestammt.

Und zu diesem auf lokaler Rivalität beruhenden Hass wird sich schon bald der von den Ultras selbst begründete hinzugesellen, der – wegen der den Ultras eigenen Charakteristiken und Verhaltensweisen unausweichlich – Woche für Woche, von Spiel zu Spiel, ständig neue Rivalitäten gebiert und so komplizierteste Verflechtungen der einzelnen Gruppen nach sich zieht, die für Außenstehende absolut nicht mehr nachvollziehbar sind. Es gibt Hassbeziehungen und Rivalitäten, und es gibt Verbrüderungen zwischen verschiedenen Kurven. Diese verschleißen aber häufig mit der Zeit und den Personen, welche die Kurven bevölkern. So können aus ihnen auch wiederum neue, noch hitzigere Rivalitäten entstehen. Ein Beispiel für eine historische Verbrüderung, die ununterbrochen fortbesteht, ist die zwischen Fans von Genoa und Torino. Es geschieht sogar sehr häufig, dass sich unter den verschiedenen Gruppen derselben Kurve verschieden gerichtete Beziehungen gegenüber einer anderen Tifoseria ausbilden: Es kann passieren, dass eine Gruppe mit einer anderen Fangruppe verbrüdert ist, aber eine andere Gruppe derselben Kurve diese Verbrüderung nicht mitträgt. Dann wird diese Fanfreundschaft aufgelöst, und eine aufgekündigte Verbrüderung erfordert eine „explizite" Klärung, also eine körperliche Auseinandersetzung. In jedem Fall bedeutet jede Verbrüderung mindestens zwei neue Rivalitäten: Hinz verbrüdert sich mit Kunz, der Hannes hasst, also wird auch Hinz früher oder später beginnen, Hannes zu hassen (und umgekehrt usw.). Das Prinzip lautet: „Der Feind meines Freundes..."; mit allem, was daraus folgt.

Vereinfacht lassen sich die Beziehungen zwischen den italienischen Ultrà-Gruppen in wenigstens vier Kategorien fassen: Hass/Rivalität (und dies ist der überwiegende Teil); Indifferenz; Respekt; Verbrüderung. Wenn die Gruppen sich hassen, muss man irgendwie die Auseinandersetzung suchen; wenn es Indifferenz gibt, beleidigt man sich maximal, aber wenn sonst nichts Bedeutendes passiert, ist es nicht notwendig, „sich zu suchen" oder „sich zu zeigen"; wenn es Respekt gibt, werden auch Beleidigungen vermieden, und wenn eine Brüderschaft besteht, feuern sich die Kurven gegenseitig an. Manchmal tauschen die Jungs Schals und Fahnen untereinander.[22]

22) Es geschieht oft, dass Spannungen und richtige Auseinandersetzungen aus der räumlichen Nähe von Ultras im Auswärtssektor und normalen Fans in derselben Kurve entstehen, die nur durch das übliche Plexiglas oder Polizeikräfte voneinander getrennt sind. In den vielen soziologischen Studien zum Fußball-Publikum fehlt praktisch völlig die Figur des Heimfans mit Dauerkarte für die Kurve, in der auch die Gästefans untergebracht sind, und der diese dann aus der Nähe provoziert. Davon gibt es Dutzende, in allen Stadien. Oft verursachen sie damit ernste Unruhen, weil sie die Ultras provozieren, die ihrerseits dann natürlich die Polizisten angreifen, welche die Provokateure beschützen müssen (genau das passierte bei AS Roma gegen Manchester United im April 2007). Und dabei handelt es sich nicht

Nachdem die Regeln und die Teilnehmer dieses kollektiven Rollenspiels einmal festgelegt sind, beginnt ab den frühen 70er Jahren die „erzählte Geschichte“ der Ultras, eine weitere fundamentale Komponente, die bis zum Aufkommen des Internets nur eine begrenzte Bedeutung hatte, mit diesem aber endgültig explodierte. Jede Gruppe, jede Kurve, aus der ersten oder der zweiten Reihe, hat einen eigenen Bestand an „Kriegs“-Erinnerungen, der ein zentraler Bestandteil der Gruppe selbst wird: Die Alten der Kurve erzählen die Geschichten den Jüngeren, so dass die Erinnerung daran bewahrt wird, dass der *racconto corale* (Überlieferung) fortgeführt wird, umso mehr, weil die „großen“ Auseinandersetzungen fast immer fern von den Augen der Medien stattfanden und es so keine andere Dokumentation gibt als die Erinnerungen derer, die daran teilgenommen haben. Erinnerungen, die sich selbstverständlich radikal unterscheiden, je nachdem, von welcher Seite sie stammen.

Die Kämpfe haben für die Gruppen an sich bereits einen inneren Wert auf symbolischer, ästhetischer und emotionaler Ebene. Ihr Ziel ist es, die Gegner zu verprügeln und in die Flucht zu schlagen, sowie ihre „Symbole“ zu klauen, um sie aufzubewahren und beim nächsten Spiel in der Kurve auszustellen: die Schals und die Fahnen, in erster Linie das Banner als höchste der Trophäen. Ein tragischer „Fahnenklau“ also, der sich unendlich wiederholt, denn am Ende wird praktisch niemand zugeben, den Schal oder die Fahne in einer ehrenvollen Auseinandersetzung verloren zu haben. Stattdessen handelt es sich immer um Schande (zehn gegen einen) oder wirklichen und wahrhaftigen Betrug, der unvermeidlich weitere Spannungen nach sich zieht, weitere Rache

---

um Ultras. Nichts könnte falscher sein: Leute um die 50, manchmal Frauen, mit Schirm und Hut, Leute, die sich als „normal“ bezeichnen würden. Sie könnten eine Dauerkarte für ihre eigene Kurve erwerben. Diese kostet genauso viel, und in jeder Kurve gibt es auch für Menschen Platz, die nicht singen und stehen wollen. Aber sie nicht. Sie müssen provozieren, beleidigen, gestikulieren, mancher wirft Münzen. Und später, zu Hause, sehen sie die Bilder von Ultras, die sich prügeln, und sie sagen: *„Die müssten alle in den Knast, Todesstrafe... Ich würde die alle in ein Stadion stecken und zusehen, wie die sich gegenseitig umbringen.“*

erfordert. Eine solch elende Angelegenheit – wahr oder unwahr spielt hier nur eine untergeordnete Rolle – führte auch zur Auflösung der Fossa dei Leoni, der ersten italienischen Ultrà-Gruppe und eine der am meisten respektierten.

Dieses Bild der Situation, das eine Neubewertung der Gewaltkomponente dieses „Spiels ohne Grenzen" vorsah, das so irre und gedankenlos war, wie man will, aber eben *auch* mit spaßigen Grundlagen, verlor schon bald seinen Sinn. Schon mit Beginn der 80er Jahre war die Lage viel zu ernst geworden, um der „spielerischen" Dimension der Auseinandersetzungen auch nur noch einen Hauch an Glaubwürdigkeit abzugewinnen. Es war allen klar geworden, dass die Zusammenstöße zu hart geworden waren und dass sie immer öfter nicht mehr mit dem Gegner geführt wurden, sondern mit dem vermeintlichen Schiedsrichter: der Polizei und den Carabinieri. Und so änderten sich die Spielregeln ganz grundlegend.

5
Raketen

Aber die Situation in den 70ern ist noch eine andere. Für die Ultras ist die Polizei wirklich der Schiedsrichter, gegen den man auch kämpfen konnte, aber nur manchmal und zufällig. Die Ordnungskräfte sind praktisch nie das Ziel der Fans. In diesen Jahren wollten sich die Ultras mit rivalisierenden Gruppen prügeln, und das schaffen sie auch oft und gern, vor allem, weil die soziale Alarmstimmung gegenüber der Gewalt in den Stadien und die daraus folgenden Gegenmaßnahmen erst noch entstehen müssen. Auch in Italien dominiert zu dieser Zeit die sogenannte *terrace culture* angelsächsischer Spielart: Gigantische Prügeleien im Inneren des Stadions, wo sich die Fans noch nach Belieben frei bewegen, mischen und prügeln können.

In einer solchen Situation kann es bis zum ersten Toten nicht lange dauern, wenn auch infolge von Ereignissen, die wirklich nichts mit der „*mentalità*" und den ritualisierten Zusammenstößen zu tun haben.

Der erste Ultrà-Mord passiert am 28. Oktober 1979 in einem römischen Derby, nach Jahren, in denen sich die Fans der Lazio und des AS Roma in den jeweiligen Kurven geschlagen haben, was – wie woanders auch – zur strengen Trennung der verschiedenen Fangruppen führte, die bis heute Bestand hat. Nach einigen kleineren Auseinandersetzungen, die von der Polizei aufgelöst werden konnten, starteten aus der Südkurve der AS Roma Fans eine Signalrakete. Vielleicht gezündet als Antwort auf ein besonders geschmackloses Spruchband gegen einen Symbolspieler der Roma („Sabbernder Rocca, Tote erstehen nicht wieder auf"[23]). Unter schaurigem Pfeifen zieht sie eine schwarze Spur durch die Luft und schlägt außerhalb des Stadions auf. Sofort startet

23) A.d.Ü.: AS Roma-Verteidiger Rocca war gerade von einer sehr schweren Verletzung, die seine Karriere bedrohte, in den Spielbetrieb zurückgekehrt.

eine weitere Rakete, auch die geht vorbei, dann nochmals eine. Die dritte Rakete trifft nach ca. 200 m Flugbahn Vincenzo Paparelli, 33 Jahre alt, Fan von Lazio aus der Nordkurve, mitten ins Gesicht. Der Mechaniker aus dem Örtchen Mazzalupo sitzt gerade Brötchen essend neben seiner Frau Wanda. Seine Frau versucht noch erfolglos, ihm die Rakete aus dem linken Auge zu ziehen. Aber der Flugkörper brennt noch, und die Frau zieht sich nur Verbrennungen an der Hand zu. Als man es endlich schafft, die Rakete herauszuziehen, tritt aus Paparellis Schädel weiterhin Rauch aus. Paparelli stirbt einige Minuten später an Bord des Notarztwagens, der ihn ins Krankenhaus bringt.

Die Rakete schoss ein 18-Jähriger aus der Piazza Vittorio ab, Giovanni Fiorillo, unter Beihilfe zweier Freunde und ins Stadion gekommen mit Karten für den Ordnungsdienst, zur Verfügung gestellt vom Verein. Laut den meisten merken viele in der Südkurve durchaus, was der Junge vorhat. Sie feuern ihn an: „Schieß, schieß!“ In der Kurve, nur um die Begleitumstände aufzuzeigen, besteht die Choreografie aus Pappsärgen und Kreuzen. Als sich dann die Nachricht verbreitet, dass die in der Curva Nord eingeschlagene Rakete einen Toten zurückgelassen hat, beginnen alle, den jugendlichen Schützen, mit „Mörder, Mörder“-Rufen zu belegen. Der flieht und bleibt für die nächsten 14 Monate verschwunden, während derer er oft Paparellis Bruder anruft, um ihn um Gnade zu bitten, danach stellt er sich. Er wird 1987 wegen Totschlags zu sechs Jahren und zehn Monaten Haft verurteilt (vier Jahre und sechs Monate für seine beiden Freunde und Mittäter). Er stirbt 1993. Ungefähr im Alter seines Opfers.

Sofort entfesselt sich einer der vielen schwarzen Nachmittage des italienischen Fußballs. Die Fans der Lazio, seinerzeit zu einem großen Teil in der Gruppe der Eagles vereint, versuchen völlig rasend, den Platz zu stürmen, sie wollen einen Spielabbruch herbeiführen (ein Film, den wir leider in Zukunft noch häufiger sehen sollen), erreichen ihr Ziel aber nicht. Die Polizei dringt in die Nordkurve ein und räumt sie unter

Einsatz von Tränengas. Das alles in der entgeisterten und unwirklichen Stille, die im Rest des Stadions herrscht. Das Spiel geht weiter und endet mit einem vorhersehbaren Unentschieden. Ich erinnere mich noch ganz genau an den seltsamen Effekt, den die Bilder der leeren Kurve im Tränengasnebel hatten. Dieselbe Kurve, die sich im Eingangsspot des Programms *Novantesimo Minuto* immer so schnell füllte.

Noch viele Jahre erinnerte die AS Roma-Kurve während der Derbys auf ihre eigene Art an die Ereignisse: „Ach, welche Polizei / was für Schlagstöcke / 10 – 100 – 1000 / Vincenzo Paparelli“ („*Ma quale polizia / ma quali manganelli / 10 – 100 – 1000 / Vincenzo Paparelli*“). Niemand hat jemals das Bedürfnis verspürt, diesen Fall anzuprangern oder sich öffentlich davon zu distanzieren, niemand aus der Führung des AS Roma, kein einziger der illustren Fans aus der Monte Mario-Tribüne, unter denen sich auch verschiedene Staatschefs verschiedenster politischer Richtungen befanden.

Der Tod Paparellis ist der erste Wendepunkt in der langen Geschichte der Ultras: Nicht so sehr eine Revolution im Inneren der Bewegung, welche die Tragödie wie ein zufälliges Ereignis erlebt, sondern außerhalb der Regeln der Ultras, als idiotische Aktion dreier einzeln streunender Köter, aber es ist die erste Episode, die den Kontext – die Wahrnehmung der Ultras in der öffentlichen Meinung – komplett ändert. Die gesellschaftliche Aufregung, die die Kurven im Laufe der Jahre einkreisen sollte, hat ihren Ursprung in jenem Nachmittag im Olympiastadion von Rom. Vielleicht ist sie heute nicht immer völlig nachvollziehbar, wenigstens in der Form, zu der sie herabgesunken ist, aber die öffentliche Meinung nimmt plötzlich das Phänomen der „Gewalt in den Stadien“ wahr. Und „der Tote“ vergrößert alles ins Gigantische, so dass auch die Zusammenstöße und die Prügeleien, die seit einigen Jahren mehr oder weniger jedes Wochenende stattfinden und im generellen Desinteresse untergehen, es jetzt in die Zeitungen schaffen.

Und es ist vielleicht kein völlig abwegiger Gedankengang, dass die Vorkommnisse im *Olimpico* aus der Sicht der Medien und der öffentlichen Wahrnehmung als eine Art Staffelübergabe von einer Gewalt zur anderen, von einer Spannung zur anderen gesehen werden: Während die schmerzhaften politischen Passionen der 70er Jahre, nach Moro,[24] sich langsam in Richtung Abkehr von der Politik und Wunsch nach Flucht in die Unterhaltung auflösen, die das darauffolgende Jahrzehnt kennzeichnen werden, kommt es dazu, dass ein neuer Typ Gewalt sich Platz schafft in der öffentlichen Bilderwelt und zum optimalen Anlass für vereinfachende Empörungen wird. Obwohl diese Art von Gewalt nicht wirklich spektakulärer und sicher weniger gefährlich ist, wird genau in diesen Jahren (1980) Aldo Biscardis *„Processo del lunedì"*[25] geboren. Der Fußball nimmt eine neue Rolle ein; nicht in der italienischen Gesellschaft (hier war der Fußball schon immer eine „absolute gesellschaftliche Gegebenheit", eine der wenigen), sondern in den Medien, die gerade zu einem grundlegenden Element der Gesellschaft werden. Und die Ultras sind eine der Komponenten, die sich am besten dafür eignen, verzerrt und absurd vergrößert zu werden: Sie verbreiten ordentlich Chaos, sind bunt, prügeln sich, und jetzt schlagen sie sich auch noch tot.

Es lohnt sich, ein paar Worte zu den Methoden zu verlieren, die mit dem Eintreten des Notfalls vor circa 30 Jahren eingeführt wurden, um die Gewalt in den Stadien zu bekämpfen. Weil in dieser Erzählung der Geschichte der italienischen Ultras die „Antwort des Staates" eine gewisse Bedeutung hat, und weil man irgendwann überhaupt nichts

---

24) A.d.Ü.: Aldo Moro, ein christdemokratischer italienischer Politiker der 60er und 70er Jahre, der unter bis heute ungeklärten Umständen von den Roten Brigaden entführt und am 9. Mai 1978 in Rom ermordet wurde.

25) A.d.Ü.: „Der Montagsprozess", eine in Italien immer noch ausgestrahlte Fußballsendung, ein Rückblick auf die Spieltage des Wochenendes.

mehr versteht, wenn man sich nicht mit dem Verhältnis von Ultras und Polizei beschäftigt. Auch, weil alles schon in einem Wort zu finden ist, das wir noch im guten Glauben immer wieder wiederholen: „Kämpfen". Das ist es, was wir 40 Jahre lang getan haben: gekämpft. Niemals vermieden, eingegrenzt, eingedämmt. Nein: Wir haben gekämpft und verloren. Das Ergebnis war absehbar: Die Militarisierung der Stadien.

In diesen finsteren Tagen im Oktober 1979 sucht man nach einer Antwort auf eine Frage, die überall laut gerufen wird. Warum war da eine Leuchtpistole im Stadion, wie ist die da rein gekommen?

Genau, wie ist er da reingekommen? Ganz einfach: Durch den Eingang. Zusammen mit den Särgen und den Kreuzen, von denen wir vorher gesprochen haben, weil keine Kontrollen vorgenommen wurden. Also ging man mit dem Motorradhelm ins Stadion, mit Stangen, mit Leuchtpistolen. Und so wurde in den 80er Jahren die mythische „Leibesvisitation" eingeführt, die schon bald ein lahmes Ritual werden sollte, wie so viele andere, die einen Sonntag in der Kurve charakterisieren. Am Anfang, nach dem Mord im Olympiastadion, gab es ernsthafte Durchsuchungen der auf dem Boden liegenden Fans; gründlich, militärisch. Dann, ein paar Sonntage später, immer oberflächlicher, aber schon immer sinnlos. Sinnlos, weil sie in den ruhigsten Sektoren knallhart durchgeführt wurden und an den Eingängen zu den Kurven selten und oberflächlich. Stellt Ihr Euch doch da mal hin und versucht, Ultras zu filzen, die gerade in die Kurve einrücken, womöglich im Block, schreiend, beleidigend, drängelnd. Weil die *„Materialien für die Choreografien"* – eine historisch ungenaue und zweideutige Definition – zu dem Zeitpunkt fast immer schon im Stadion sind, zu dem die Ultras unter der Woche freien Zugang haben. Man muss annehmen, mit Erlaubnis der Vereine oder, was wahrscheinlicher ist, auf die italienische Art: Also mit deren stillschweigender Zustimmung.

Darüber hinaus verfügt Minister Rognoni – und hier muss man sich wirklich fragen, in was für einem traurigen Land wir leben, wenn man nach immer wieder denselben, härtesten Vorkehrungen ruft, dann aber immer dafür sorgt, dass diese nicht respektiert werden – nach dem Fall Paparelli (das klingt wie eine Meldung aus dem Jahr 2007), dass alle Banner und Fahnen mit Gewalt implizierenden Formulierungen aus den Stadien entfernt werden. Ergebnis: natürlich null. In Mailand präsentiert sich die Polizei vor einem Spiel AC Milan – Napoli in der Kurve, vermutlich, um das Banner der „Brigate Rossonere" abzunehmen. Aber sicher doch. Sie kehren mit leeren Händen zurück, und genau so passiert das in ganz Italien.

Ein weiterer Einsatzort ist das Stadioninnere selbst. Nicht, dass man hier jetzt sonst irgendwas veranstaltet: Typischerweise werden Zäune, Gitter und Tore errichtet, und man beginnt, die Ränge so zu organisieren, dass das Aufeinandertreffen verschiedener Fangruppen erschwert wird. Die bekannten Ausflüge von einem Sektor in den nächsten sollen verhindert werden. Und in der Tat werden die Stadien, wenn auch nicht sicherer, so doch weniger geeignet für echte Konfrontationen. Auch wenn es, um nur ein Beispiel zu nennen, noch 1987 sogar im *Olimpico* möglich war, dass ein guter Teil der *Curva Sud* „bewaffnet" in den gegenüberliegenden Stadionbereich umzieht, um den Fans von Atalanta zu zeigen, wer der Herr im Haus ist. Jedenfalls werden die Zusammenstöße sehr rasch in das unmittelbare Umfeld des Stadions verlegt, vor und nach dem Spiel.

Und schließlich beginnen Carabinieri und Staatspolizei[26] von den Straßen zu verschwinden, um in den Stadien ihren Haupteinsatzort zu finden.

---

26) A.d.Ü.: Der Autor verwendet den gebräuchlichen Begriff „Celere" für die Beamten der „Polizia dello Stato", eine massiv ausgerüstete, meist kasernierte Polizeieinheit, die oft zum Schutz öffentlicher Veranstaltungen geschickt wird.

Diese Änderung der Bedeutung des Stadions, die in der zweiten Hälfte der 80er Jahre stattfand, wird von der breiten Masse, der öffentlichen Meinung und den Medien erst nach dem Tod von Paparelli wahrgenommen, und man entdeckt plötzlich und unerwartet, dass das Klima der Volksfeste, das die Stadien in den Boom-Jahren kennzeichnete, völlig verschwunden und das Stadion ein gefährlicher Ort geworden ist. Aber auch dies ist im Grunde nur ein Ausschnitt, weil das triste und gewalttätige Bild der Kurven dieser Jahre in krassem Gegensatz steht zu dem vom strahlenden italienischen Support während der Nachmittage von Barcelona oder der Nacht von Madrid bei der Weltmeisterschaft 1982. Man muss sich einmal klar vor Augen führen, dass es ganz oft dieselben Leute waren und sind: Froh und glücklich im Umfeld der Nationalmannschaft, wütend und potentiell gewalttätig in der Heimkurve. Also kann man nicht alles mit der soziologischen Erklärung lösen, mit den „Stadien als Spiegelbild der Gesellschaft". Überzeugender ist die Vermutung (immer unter gebührender Berücksichtigung der Bedeutung des üblichen, rüpelhaften *„campanilismo"*, der sich in den Kurven ausdrückt), dass die Kurven sich weiterhin als perfekte Heimstatt des jugendlichen Extremismus und Antagonismus organisiert haben, der trotz aller Abschwächung in der italienischen Gesellschaft fortbesteht.

6
„Wisst ihr, wie spät es ist?“

Aber die Ultras sind in den 80er Jahren Organisationen, die schon seit mehr als zehn Jahren bestehen. Veränderungen zeigen sich daher nicht nur im äußeren Erscheinungsbild der Kurven, im Kontext des Stadions oder im Verhältnis von öffentlicher Meinung und Ultras, sondern auch innerhalb der Gruppen selbst. Die Stadionkurven sind wie Schulen oder Kasernen: von Individuen bevölkert, aber eben auch von Klassen und Kasten. Die Generation der Gründer, die das Phänomen Ultras erfunden hatte und die der außerparlamentarischen Linken zugeneigt, wenn nicht sogar direkt mit dieser verbunden war, fängt an, von der Bühne zu verschwinden, nicht einmal besonders langsam. Es treten neue, jüngere *ragazzi*[27] an ihre Stelle, die weniger Gruppenzwang mitbringen, die sich mehr von der ästhetisierenden und gewalttätigen Komponente angezogen fühlen als vom Gemeinschaftserleben, vom Zusammensein. Leute, welche die Kurve weniger als Ort der Befreiung und der Freiheit von gesellschaftlichen Normen leben, sondern mehr als ein Schaufenster für sich selbst und eine Festung, die es zu verteidigen gilt. Es verbreitet sich der Individualismus, der Wunsch, sich einzeln zu behaupten. Da gibt es welche, die das über die Mode erreichen, andere über ihre Stimme und die Teilnahme, manche über körperliche Kraft, und wieder andere mit dem Messer. Die Ultras werden, zusammengefasst, weniger geschlossen und sehr viel gefährlicher.

Wir schreiben die fabelhaften 80er Jahre, auch in der Kurve: Die Anzahl der Banner und Spruchbänder multipliziert sich, ebenso die

27) A.d.Ü.: „Ragazzi“ bedeutet natürlich „Jungs“, der Plural umfasst im Italienischen aber auch junge Leute weiblichen Geschlechts; aber weil es keine genaue deutsche Entsprechung gibt und italienische Kurven historisch weitgehend eine männliche Domäne sind...

Gruppen und Untergrüppchen, es treten neue Gesänge in Erscheinung, neue Symbole, neue Namen betreten die Bühne. Oftmals verbirgt sich hinter dieser Zersplitterung nicht nur der Drang zum Individualismus, von dem ich vorher sprach. Vielleicht ist es genauer genommen der Individualismus selbst, der sich nur auf verschiedene Art artikuliert: Es gründen sich Gruppen, die sich von anderen Gruppen einer bestimmten Kurve durch größere Gewalttätigkeit abheben. So wie im Falle der *Mods* aus Bologna, die sich, wie aus ihrem Namen klar hervorgeht, an der berühmten englischen Jugendkultur orientieren – die durch den Film *Quadrophenia* (1979) und seinen unvergesslichen Soundtrack von *The Who* in der ganzen Welt berühmt gemacht wird.

In anderen Kurven spalten sich hingegen Gruppen wegen politischer Differenzen vom Hauptblock ab. Einer der augenscheinlichsten Fälle ist der aus Turin, wo in einer historisch linken Kurve – der vom „Toro", dem AC Torino – 1981 die schon ihres Namens wegen unmissverständlichen *Granata Korps* auftauchen. Sie heben sich neben anderen *performances* allein schon durch das Ausrollen eines Spruchbandes beim Derby gegen Juventus vom Rest der Kurve ab: *„Juden-Gobbi.*[28] *Hitler hat euch in Turin vergessen.*" Für viele Jahre tolerieren sich die Granata Korps und die historische Gruppe der Marathonkurve, die *Ultras Granata*, unter Anstrengung. Manchmal toleriert man sich überhaupt nicht.

Auch auf der anderen Seite der Turiner Ultras, bei den Juventus-Anhängern, stellt sich die Situation nicht wirklich anders dar, als sich zu den *Fighters* mit linkem Hintergrund in den 80er Jahren viele andere Gruppen mit politisch deutlich abweichenden Vorstellungen gesellen. Etwas Ähnliches geschieht auch in der Kurve des AC Milan mit der Geburt zahlreicher Gruppen und Untergruppen, auch wenn hier die

---

28) A.d.Ü.: „Gobbi" („Bucklige") ist ein legendäres Schimpfwort für Fans von Juventus. Die Legende besagt, dass der Ursprung in alten Trikots der Juve liegt, die sich beim Laufen am Rücken aufblähten und so einen Buckel ähnelten.

Vorherrschaft der ältesten Gruppen (und die generell apolitische Haltung) für lange Jahre außer Diskussion stehen wird.

In jedem Falle vervielfacht sich die Anzahl der Gruppen praktisch überall, auch wenn sich das nur in einigen Kurven ganz besonders zeigt. Man verliert die Geschlossenheit und Uniformität der Aktion. Das, was für die 70er Jahre galt, besonders Verbrüderungen und Allianzen zwischen verschiedenen Fanszenen, ist jetzt nicht mehr gültig.

Selbst in Rom, in der Südkurve, einer Kurve, die sich über zehn Jahre, von 1977 bis 1987, als ein Monolith darstellte, fest vereint hinter dem lang gezogenen Banner des Commando Ultrà Curva Sud, kommt man genau 1987 an den Punkt der „offiziellen" Teilung, der später der Zersplitterung der Kurve freien Lauf lassen wird. Der *casus belli* ist die Verpflichtung von Manfredonia, erklärter Lazio-Anhänger und erklärter – bis jetzt, *obviously* – Anti-AS Roma, zudem verurteilt wegen Verwicklung in Fußballwetten. Zunächst steht die Kurve geschlossen hinter der Forderung an Präsident Viola, ihn nicht zu kaufen. Viola kauft ihn trotzdem, die Kurve teilt sich, ein Teil arrangiert sich und schluckt letztlich die Kröte. Ein anderer nicht. Beide Lager werden durch bekannte Persönlichkeiten der Kurve, historische Capos vertreten: Auf der einen Seite wird das Vecchio CUCS gegründet, die andere kontert mit dem CUCS-GAM (Gruppo Anti-Manfredonia). Das ganze kulminiert in einer sauberen Schlägerei, an einem Sonntag. Auch in Rom, wie auch überall sonst, nährt die Teilung der Kurven die Gewalt.

Die Ultras sind unter diesen Bedingungen immer schwieriger zu kontrollieren; die Auseinandersetzungen werden vielleicht weniger intensiv, aber dafür häufiger und verbreiteter. Die Selbstkontrolle im Inneren der Kurven, die es vorher auf irgendeine Weise gab, verringert sich dramatisch; man beginnt mit der Angewohnheit, vereinzelte Fans in die Falle zu locken. Indem man vielleicht nach einer Zigarette fragt, oder nach der Uhrzeit, um den Akzent zu erfahren.

In der Zwischenzeit sterben Menschen:

1982 entzündet ein explodierender Knallkörper einen Waggon eines mit Fans des AS Rom auf dem Heimweg aus Bologna gefüllten Zuges. Es erstickt ein 14-jähriger Fan, Andrea Vitone.

1984 wird Marco Fonghessi, 20 Jahre, Fan von Cremonese und Milan, auf dem Weg zu seinem Auto nach einem Spiel Milan gegen Cremonese erstochen. Er hatte den Schal des AC Milan um den Hals und in der Hand das Sitzkissen von Cremonese; der Mörder, der später festgenommen wird, ist erst 19 Jahre alt.

Wiederum 1984 stirbt noch ein weiterer Jugendlicher, der Teil der Fraktion ist, welche die Sampdoria-Ultras kürzlich als die „vergessenen Toten"[29] definierten. Es handelt sich um Stefano Furlan, 20 Jahre, dem am 8. Februar während der Ausschreitungen anlässlich eines Spiels Triestina – Udinese (zur Abwechslung wieder einmal die regionale Rivalität) ein Polizist wiederholt mit dem Schlagstock auf den Kopf eindrischt. Am Morgen darauf fällt er ins Koma und 21 Tage später ist er tot. Der Polizist wird zu einem Jahr Haft verurteilt, mit allen Privilegien, die das Gesetz in einem solchen Fall vorsieht. Nach Stefano Furlan wird die Kurve des neuen Stadions in Triest benannt, und die Triester Ultras, aus geopolitischen und geschichtlich leicht nachvollziehbaren Gründen[30] schon immer rechtsgerichtet, erinnern immer noch so an ihn: „Triest / die Kurve / hat es nicht vergessen / Stefano Furlan / getötet durch den Staat" („*Trieste / la curva / non l'ha dimenticato / Stefano Furlan / ucciso dallo Stato*").

Zwei Jahre später, 1986, setzen einige AS Roma-Ultras auf dem Rückweg mit der Bahn aus Pisa „lustig" ein Abteil in Brand. In den

29) Nach dem Tod von Raciti befestigten die Fans von Sampdoria in ihrer Kurve das folgende Banner: „Die Toten werden alle respektiert. Auch die, die ihr vergessen habt."

30) A.d.Ü.: Jedenfalls in Italien leicht nachvollziehbar: Das Gebiet um Triest wird im Lauf der Weltkriege immer einmal von Österreich, Slowenien bzw. Italien reklamiert. Die Stadt ist Schauplatz italofaschistischer Unterdrückung gegen die slowenische Minderheit.

Flammen stirbt ein 17-jähriger Junge, Paolo Caroli.

1988 wird in Ascoli, während Zusammenstößen nach einem Spiel Ascoli – Inter, der Ascoli-Fan Reno Filippini von Mitgliedern der Boys S.A.N. wiederholt am Kopf getroffen. Der 32-jährige erliegt eine Woche später im Krankenhaus seinen Verletzungen.

1989 kostet das *Divertissement* der Hinterhalte vor dem Spiel den AS Roma-Fan Antonio de Falchi das Leben. Er stirbt zwar an einem Herzinfarkt, den er aber niemals oder erst mit 80 bekommen hätte, wäre er nicht in einen Hinterhalt geraten. Die Berichterstattung dieses Ereignisses durch www.asromaultras.it beleuchtet dramatisch, was es hieß, gegen Ende der 80er Jahre italienische Stadien zu betreten:

> Am Morgen des 4. Juni 1989, um 8.30 Uhr, erreicht der noch keine 19 Jahre alte Antonio de Falchi gemeinsam mit drei Freunden den Bahnhof Stazione Centrale von Mailand. Die vier entschließen sich, allein zum San Siro-Stadion zu fahren [...].
> Die vier kaufen sich eine Karte und setzen sich in Richtung Eingang 16 in Bewegung, die rot-gelben Schals unter der Jacke versteckt. Es ist 11.35 Uhr (das Spiel würde um 16.00 Uhr beginnen).
> Plötzlich erscheint eine Person. ‚Habt ihr mal ‚ne Zigarette?' fragt sie. Und dann: ‚Wisst ihr, wie spät es ist?' Ihr römischer Akzent verrät Antonio und seine Freunde: ein Wink und hinter einem Betonblock (Umbauarbeiten für die WM in Italien 1990), springen plötzlich DREISSIG (!!) Personen hervor. Die vier Freunde fliehen. Antonio schafft es nicht, er stolpert (vielleicht hat man ihm ein Bein gestellt) und fällt zu Boden.
> Sie massakrieren ihn mit Tritten und Schlägen. Nach einer halben Minute flüchten die Angreifer vor der anrückenden Polizei. Antonio versucht aufzustehen, er ist blau angelaufen und hat Luftnot; er bricht erneut zusammen. Einer der Beamten versucht noch, ihn mit Mund-zu-Mund-Beatmung und Herzdruckmassage wiederzubele-

ben. Ohne Erfolg. Er wird sofort in den Notarztwagen gehoben, kommt im San Carlo-Hospital aber bereits tot an. In der Zwischenzeit nimmt die Polizei in der Nähe des Eingangs 16 drei Personen fest. Es handelt sich um Daniele F. (29 Jahre), einer der Führer der „Gruppo Brasato" und Inhaber eines Zugangsausweises der Ordnungskräfte des AC Milan, Luca B. (20 Jahre) und Antonio L. (21 Jahre). Das Begräbnis (auf Kosten des AS Roma) findet am 7. Juni 1989 in der Kirche von San Giovanni Leonardi in Torre Maura vor über zehntausend erschütterten Menschen statt. Am 7. Juni 1989 ergibt die Autopsie, dass der Tod durch einen Herzinfarkt hervorgerufen wurde. Am 13. Juli 1989 fällt das Mailänder Gericht sein Urteil.

Luca B. wird zu 7 Jahren Haft verurteilt bei einstweiliger Aussetzung der Haftstrafe.

Daniele F. und Antonio L. werden aus Mangel an Beweisen freigesprochen.

Gleiches Jahr, selber Monat bei Florenz gegen Bologna: Eine der riskantesten Partien, Derby dell'Appennino wird das Spiel genannt. Und genau da, wo der Zug der Bologna-Fans die letzten Tunnel vor Florenz verlässt, in Rifredi, steht eine Gruppe Ultras der Fiorentina auf dem Bahnsteig und wirft vier Molotov-Cocktails. So etwas hatte es vorher noch nie in der Ultrà-Szene gegeben. Wir sind jetzt Lichtjahre entfernt von der ursprünglichen *„Mentalità"*: Ein feiger Hinterhalt, blindlings, mit unpassenden und höchst gefährlichen Waffen. Unglaublicherweise stirbt niemand, aber ein 14-jähriger Junge, Ivan Dall'Olio, erleidet in den Flammen schwere Verbrennungen auf 70% seines Körpers. Seine Prognose ist praktisch hoffnungslos, aber Dall'Olio hält durch. Entstellt fürs Leben, aber er hält durch. Es folgt ein Guerilla-Nachmittag: Die Fans aus Bologna steigen aus und zerstören alles, was sie finden können. Danach gehen sie ins Stadion. Die Fiorentina-Ultras, welche die Mollis geworfen haben, werden sofort identifiziert: Im Prozess werden sie von ihren jeweiligen Eltern unter großem Getöse verteidigt.

Anarchie, Zynismus, Gedankenlosigkeit, keinerlei Bewusstsein seitens der Ultras für die Gefahren, denen sie sich selbst und andere aussetzen; unwirksame Gesetze seitens des Staates und schuldhaft ahnungslose Fußballclubs – wenn nicht gleich schweigend an der Grenze zur Mitwisserschaft, aus Angst oder des lieben Friedens willen: Das Ganze unter dem kompletten Desinteresse der Medien und der öffentlichen Meinung, denn es ist wirklich schwierig, sich zu erklären, warum diese Toten, diese ganzen tragischen Momente, nicht mehr hinterlassen als ein oberflächliches Zeichen, welches angesichts der Schwere der Episoden noch unverständlicher als sonst erscheint. Zwei, drei Tage nachlassende Entrüstung, Rufe nach harten Maßnahmen und dann das übliche Nichtstun. Dabei gibt es überhaupt keine Unterschiede zwischen den tragischen Ereignissen, welche die 80er Jahre durchzogen (eine Ausnahme bildet der Fall Furlan, hier ist das Unter-den-Tisch-fallen-lassen leichter zu erklären), und denen, die zum Tod von Spagnolo führen werden, der nämlich eine sofortige und schwerwiegende Auswirkung auf die öffentliche Wahrnehmung haben sollte. Vielleicht, weil die Aufmerksamkeit in den 80ern auf andere Dinge gerichtet ist. Vielleicht, weil die Weltmeisterschaft ,90 in Italien bevorsteht und man versucht, möglichst viel unter den Teppich zu kehren. Oder vielleicht, weil Folghessi, de Falchi, Filippini und die anderen noch nicht „vor laufender Kamera“ sterben, im Umfeld des Stadions, aber nicht während eines Fußballspiels. Spagnolo nicht. Spagnolo stirbt live, und sein Tod wird – auch wenn nur für eine bestimmte Zeit – die endgültige Zerstörung des Spielzeugs bedeuten, und es wird für niemanden mehr möglich sein, sich umzudrehen und wegzuschauen.

Natürlich erscheint die Situation in den italienischen Stadien für einen Zeitraum von circa 15 Jahren, von 1980 bis 1995 – hinterher ist man immer schlauer – völlig außer Kontrolle zu geraten: Sei es, weil das „System“, also die Ordnungskräfte und Fußballvereine, offensichtlich weder die Mittel noch die Kraft oder den Willen haben, das Problem anzugehen. Sei es, weil die Ultras völlig außerstande sind, sich selbst Regeln und Grenzen zu setzen. Die Faszination der Gewalt wird Sonntag für Sonntag verführerischer, das Bewusstsein für die Schäden, die man anrichtet, immer geringer. Und das deutlichste Zeichen der Gefährlichkeit dessen, was passiert, die Symptomatik einer immer zusammenhangsloseren und entgrenzteren Gewalt. Die Ultras beginnen, sich massenhaft zu bewaffnen, *auch weil sie Angst haben*. Es ist wahr, dass Messer von vielen direkt dafür eingesetzt werden, andere zu verletzen, es ist aber genauso wahr, dass viele in diesen Jahren bewaffnet auf Auswärtsfahrt gehen, weil man „nie weiß“, weil es passieren kann, dass man plötzlich zu zweit 30 Angreifern gegenübersteht und sich verteidigen können muss. Es braucht nicht viel, um sich vorzustellen, wie schnell unter diesen Umständen das Messer zur tragischsten aller Moden werden würde.

7
Faschisten, Nazis, Ultras

In den 80er Jahren, parallel zur Zersplitterung der Gruppen, konnte man ein weiteres für die Geschichte der italienischen Ultras wichtiges Phänomen beobachten: Sie beginnen immer häufiger als „rechtsgerichtete“ Gruppen abgestempelt zu werden, wenn nicht gleich als Neofaschisten oder Neonazis. Und das ist, zumindest teilweise, die logische Konsequenz der Tatsache, dass in vielen italienischen Stadien Zeichen und Symbole aufzutauchen beginnen, die sich explizit auf den Rechtsextremismus beziehen.

Es gibt aber andere Gründe, medialer, politischer oder soziologischer Art, die dazu führten, dass praktisch der gesamten Ultrà-Welt dieser Stempel aufgedrückt wurde. Und es ist notwendig, auf diese Dinge im Rahmen des Möglichen einzugehen, selbst wenn man als einzige Legitimation anführen kann, dass man sie selbst miterlebt hat.

Die Ultras wurden vom „System Fußball“ zunächst sicherlich nicht feindlich gesinnt aufgenommen, schließlich sind sie eine Art „totaler Fans“, sichtbare und lautstarke Unterstützer (und Kunden) im Vollzeit-Einsatz. Nun aber erscheinen sie immer mehr als unmöglich zu handhabendes Problem und immer weniger als Potential oder Vorteil. Natürlich gibt es weiterhin und wird es auch weiterhin das Geschwätz geben von „unseren wunderbaren Fans“ und vom „12. Mann auf dem Platz“, aber den Präsidenten beginnt sich zu erschließen, dass mit der Stärke der Kurve auch die Zahl der Probleme ansteigt: der Zwischenfälle, der Disqualifikationen, der Strafen, die ein Fußballclub übernehmen muss. Wer nun hoffte – und mehr oder weniger alle Präsidenten waren dieser Illusion erlegen – die Kurven kontrollieren zu können, erkennt, dass er einer Fehleinschätzung aufgesessen ist.

Selbst Berlusconi, als einer, der normalerweise die Ziele erreicht, die er sich vornimmt, musste an dieser Front die einzige wirkliche Niederlage seiner äußerst langen und glücklichen Ära als Präsident und Eigentümer des AC Milan hinnehmen. Nicht nur wird der „Cavaliere" seinen ganz zu Beginn seiner Laufbahn im Fußball-Geschäft geäußerten Traum, nie mehr mit Auswärtsfans konfrontiert zu werden und das San Siro „vollkommen in Rotschwarz", niemals realisieren können. Auch sein Versuch, die Kurve zu normalisieren, sieht sich von Beginn an mit starkem Widerstand konfrontiert und geht mit dem Tod von de Falchi schnell und elend zugrunde. Berlusconis Traum, die Ultras in heiße, leidenschaftliche und „choreografische", aber dabei korrekte und gewaltfreie Fans zu verwandeln, die mit dem Verein in ein gemeinsames Projekt eingebunden sind und sich daher mit ihm gemeinsam, praktisch gleichgeschaltet auf dem Weg zu einem glamourösen, TV-gerechten Fußballgeschäft befinden, zerplatzt. Das geht umso schneller, als man herausfindet, dass einer der Angreifer ein Ultrà ist, der vom Verein für den Ordnungsdienst im Stadion eingeteilt war (in genau der Hoffnung, die Ultras in die große Fußballindustrie einzugemeinden).

Und mehr als einmal lässt die Vereinsführung des AC Milan (auch wenn hier angemerkt werden muss, selten Berlusconi selbst) die Auffassung durchblicken, dass sich eine freundschaftliche Verbindung zwischen Verein und Kurve niemals wirklich durchsetzen konnte wegen der linkslastigen Ausrichtung der Mailänder Curva Sud. Das ist wichtig, weil – wenn auch unter umgekehrten Vorzeichen – dies genau dieselbe „Argumentation" (die Anführungszeichen sind hier unbedingt notwendig) ist, mithilfe derer der Großteil der italienischen Ultras als Neofaschisten oder Ähnliches gebrandmarkt und die Ultrà-Bewegung generell als eine rechte Bewegung dargestellt wird.

Aber weil wir nun ein Land sind, das nicht in der Lage ist, sich ernsthaft zu interessieren und in ein Problem zu vertiefen, brauchen wir Stereotypen: Die Ultras sind gewalttätig und unkontrollierbar? Ja. Also sind sie böse. Und wer ist, in der öffentlichen Meinung Italiens, in den 70er und 80er Jahren, in den Jahren vor Berlusconi also, die Inkarnation des Bösen? Der Faschist. Also sind die Ultras Faschisten.

Noch einmal Valerio Marchi mit untadeligen Worten:

„Auch die radikalsten Stimmen haben die Ultrà-Kultur nur als oberflächliche Ausdrucksformen wahrgenommen und definiert und ihr jegliche Bedeutung innerhalb gesellschaftlicher Konflikte abgesprochen. Indem sie in den Bereich des sinnlosen Rowdytums abgeschoben wurden, wurden im Gegenteil diese Bereiche, oder besser: diese Stereotypen, quasi vereinnahmt, mit denen die Leitkultur oftmals unpolitische Konfliktformen der unteren Schichten definiert hat: Machismo, Lust auf Gewalt, Fremdenfeindlichkeit, Recht des Stärkeren, eine Art Schwäche für [einen] instinktiven Faschismus [. . .].

Für einen riesigen Teil der Linken hat, vielleicht ohne es wenigstens zu wissen, der Gemeinplatz des faschistoiden Subproletariats sich einer klassenübergreifenden Kultur bemächtigt, die von politisch, ökonomisch und kulturell völlig verschiedenen jungen Leuten belebt wird, die eine weibliche Komponente beinhaltet, die es in der Welt nicht nur des Supports, sondern des gesamten Fußballs nirgends sonst gibt [...].
Und so, zwischen hochmütigen Intellektuellen und einer oftmals vergesslichen Linken, sieht sich der Ultrà allein gegenüber der Brigade „Hängt sie auf und peitscht sie aus", gegenüber dem Geschwätz vom sozialen Übel, das nichts mit Fußball zu tun hat, gegenüber Verschwörungstheorien und Jahrzehnten brutaler Zwangstaktiken."

Was nicht bedeutet, dass es nicht wahr wäre, dass in vielen Gruppen seit Beginn der 80er Jahre Symbole und Verhaltensweisen der Rechten aufzutauchen beginnen. Dass in vielen Kurven Vertreter der extremen Rechten versucht haben, Propaganda zu verbreiten und zu missionieren. Aber praktisch nirgends hat es sich um ein Phänomen gehandelt, das es gerechtfertigt hätte, eine gesamte Kurve zu charakterisieren. Die Politik in der Kurve ist fast immer etwas anderes als die auf den Straßen oder in politischen Gruppen oder *Circoli*[31] praktizierte und kann also nicht mit den normalen Parametern bewertet werden.

An Kurven, die erklärtermaßen und mehrheitlich rechtsgerichtet sind, die politische Fragen zu einer bestimmenden Komponente ihres Ultrà-Seins gemacht haben, gibt es unter den großen Fangruppen Italiens gerade einmal zwei, die zudem äußerst verschieden sind: Lazio und Verona.[32]

Die Nordkurve des römischen Olympiastadions war schon immer, zunächst mit den Eagles und den Viking, ab 1984 mit den Irriducibili, sehr einladend gegenüber Rechtsextremisten und echten oder vermeintlichen Neofaschisten und wurde dann zum wichtigsten Rekrutierungszentrum der Forza Nuova.[33] Aber es bestehen keine Zweifel, dass die Lazio-Kurve einen Ausnahmefall unter den italienischen Ultras darstellt, oftmals selbst von den Ultras nicht besonders geschätzt, wegen ihrer zu engen Verflechtungen mit der Politik, die im Fall von

---

31) A.d.Ü. „Circoli" sind eine sehr italienische Realität. Es handelt sich um Bars, Clubs oder kleine Restaurants, die meist von politischen oder religiösen Verbänden geführt werden und Mitgliedern einen Ort zum Essen, Trinken, Debattieren und Zusammensein geben.

32) Auch die von Inter ist eine „rechte" Kurve, aber das Gewicht der Politik in der blau-schwarzen Kurve ist nicht vergleichbar mit dem in Verona oder bei Lazio.

33) A.d.Ü.: Forza Nuova (dt.: „Neue Kraft") ist eine 1997 gegründete rechtsextremistische Partei mit Sitz in Rom.

Lazio oftmals wichtiger ist als die fußballerische Begeisterung. Es ist in der Tat kein Zufall, dass, als die Irriducibili im Januar 2000 ihr berüchtigtes Spruchband „Ehre dem Tiger Arkan" als Ehrerbietung an den serbischen Massenmörder (unter anderem Ex-Chef der Ultras von Roter Stern Belgrad) entrollten, die einzigen, die im daraufhin aufgepeitschten Meer der Rhetoriken eine passende Antwort gaben, die Fans von Torino waren, die in der darauffolgenden Woche, während des Spiels Torino gegen Lazio, mit einem Banner „Ehre für den Kater Sylvester"[34] antworteten. Eine schöne Verarschung einer Kurve, die mit ihrem Verhalten Wasser auf die Mühlen der schlimmsten Schwätzer von Gemeinplätzen gespült hatte.

Und es handelt sich nicht allein um eine politische Frage, weil die Irriducibili auch oft den Eindruck vermittelt hatten, einen weiteren Gemeinplatz über Ultras zu rechtfertigen: den der zweifelhaften Verbindung zwischen Ultras und Fußballvereinen.[35] Es wurden besonders in den letzten zehn Jahren viele Stimmen laut, die von der „Irriducibili GmbH" sprachen, wegen des von den höchsten Vertretern der Gruppe ein wenig zu effizient organisierten „Business" der Kurve (Trikots, Käppis, Schals, Tickets, Auswärtsfahrten etc.). Und die letzten Ereignisse, die einige Bosse der Curva am Streit zwischen Chinaglia und Lotito um die Eigentümerschaft des Vereins beteiligt sahen – die sich erst vor Gericht und danach im Knast wiederfanden – haben sicherlich nicht dazu beigetragen, diese Zweifel zu zerstreuen. Jedenfalls haben – im Gegensatz zu den wirklich aus den Reihen der Ultras stammenden Personen, für die das Modell Lazio immer schon viel mehr eine Ausnahme als die Regel war – die Medien und daher ein großer Teil der

34) A.d.Ü.: „Onore a Gatto Silvestro" – gemeint ist der den Vogel Tweety jagende Kater Sylvester aus „Bugs Bunny".

35) Und hier muss man erneut präzisieren: Es gibt keinen Zweifel daran, dass es zweideutige Verbindungen zwischen auch hochgestellten Vertretern verschiedener italienischer Kurven und den Clubs gibt; aber das bedeutet keinesfalls, dass man diese Ambiguität generell auf alle Ultras ausweiten kann.

Öffentlichkeit oft auf völlig unkritische Weise die Charakteristiken der Irriducibili auf die gesamte italienische Ultrà-Szene übertragen.

Ein anderer Fall, völlig unterschiedlich gelagert, sind die Brigate Gialloblù aus Verona.

Gegründet im November 1971 von ein paar Leuten mit Sympathien für die außerparlamentarische Linke (daher der Name, und es ist sicher sinnvoll, nochmals daran zu erinnern, dass die Brigate Rosse 1971 noch weit von der traurigen Berühmtheit entfernt waren, die sie in den darauffolgenden Jahren erlangen sollten), sind die Brigate von Beginn an wenn nicht sogar „*die* herausragende Gruppe“, dann in jedem Fall eine der wichtigsten und angesehensten Gruppen der italienischen Ultrà-Szene. Und in den 20 Jahren ihrer offiziellen Existenz stechen sie heraus – jenseits ihrer massenhaften Auswärtsfahrten, die unglaubliche Zahl der Auseinandersetzungen, die Kurvenstürmungen, die häufigen Banner- und Fahnenklaus – durch eine ununterbrochene Reihe von aufsehenerregenden, unverschämten, grotesken Episoden des Rassismus, ohne jeden Unterschied gegen Schwarze, Juden, Erdfresser.[36] Sie werden eine bedeutende Rolle bei der Geburt der Veneto Fronte Skinhead spielen. Sie werden zum Ziel – außer von juristischen Nachforschungen – von Studien, Analysen, parlamentarischen Befragungen. In der einhelligen öffentliche Meinung waren die Brigate Gialloblù immer das Schlimmste des Schlimmsten des Schlimmsten.
Und trotzdem.

Und trotzdem ist es nicht so einfach. Wenn man sich die Mühe macht, einmal genauer hinzuschauen, den Standpunkt der Kurve einzunehmen, ist es so: Wie bei den „linken“ Kurven der frühen 70er Jahre stellt sich auch im Fall der Veroneser Curva die „Dimension Ultrà“

36) A.d.Ü.: Der Autor verwendet „terroni“, den von Nord- und Mittelitalienern als Schimpfort für Süditaliener verwendete Begriff.

als deutlich wichtiger heraus als die politische. Die Brigate Gialloblù waren niemals eine rechtsextreme politische Organisation. Sie waren – ob die „Beobachter" das nun wollen oder nicht – die faszinierendste italienische Ultrà-Gruppe der 80er Jahre und die Südkurve des Stadions Bentegodi ein wunderbarer Ort des Zusammenseins für junge Menschen.

In den 70er und 80er Jahren sind die Brigate Gialloblù eine kompakte, entschiedene, unkontrollierbare und außerordentlich einfallsreiche und vorausmarschierende Gruppe, was den Support angeht. Eine Gruppe, die es schafft, Tausende junger Leute einzubinden und in der sich ein in Bezug auf Anzahl und Unterschiedlichkeit bedeutender Teil der Jugend Veronas wiederfindet. Und nicht nur der.

Aus allen diesen Gründen werden die Brigate Gialloblù zu einem nationalen Problem und, in Verona, zu einem Problem für die Stadt. „Vom Bangkok der Drogen zum Beirut des Fußballs" titeln die Zeitungen. Und nach Jahren der Gewalt, makabren Witzen, Polemiken und Streitgesprächen, degeneriert die Situation an einem furchtbaren Tag im Dezember 1986, als in Brescia einige hundert Ultras aus Verona das Bahnhofsviertel der lombardischen Stadt verwüsten. Der Präsident von Verona – Ferdinando Chiampan, einer der wenigen, der den Kampf gegen die Gewalt im Fußball ernsthaft anging – droht, die Mannschaft aus der Meisterschaft zurückzuziehen, und der Bürgermeister droht damit, das Stadion zu schließen. Die Untersuchungen zu den Vorfällen in Brescia führen im Februar 1987 zur Verhaftung von 12 „Brigatisti". Die Anklage lautet auf Bildung einer kriminellen Vereinigung. Zum allerersten Mal wird damit eine gesamte Ultrà-Gruppe zur verbrecherischen Organisation erklärt. Die Antwort darauf ist eine leere Kurve und ein einzelnes Banner: „Nicht 12, sondern 5000 Schuldige". Wirklich hübsch, aber es ist das letzte Aufbäumen, der Anfang vom Ende. Vier Jahre später, am 14. November 1991, wenige Tage vor dem zwanzigsten Geburtstag der Gruppe, die mittlerweile zu einem der wichtigsten

„public enemies“ für Verona und ganz Italien geworden ist, beschließt die Brigate offiziell ihre Auflösung. Die Mitglieder der Gruppe bleiben in der Kurve, aber die Gruppe hört auf zu existieren. „Wir können nicht für jeden, der sich einen blaugelben Schal um den Hals bindet, Verantwortung übernehmen“, schreiben die *Brigatisti* in ihr Abschlussmanifest. Unglaublicherweise sorgen sich nun viele in denselben Zeitungen, die über Jahre Haftstrafen und Sondergesetze gefordert hatten, dass es jetzt noch schwieriger werden würde, die Gewalttätigen unter Kontrolle zu halten. Die Brigate Gialloblù werden mit einer fantastischen Choreografie der Florentiner Ultras verabschiedet: „20 Jahre Geschichte lassen sich nicht auslöschen... Ehre den BG“.

Einmal jährlich wird am Geländer der Südkurve des Stadions Bentegodi noch einmal das große Banner der Brigate angebracht; in allen andren Spielen zeigt man nur Fahnen.

Vor allem anderen, vor jeder Politik, waren die Brigate Gialloblù in erster Linie Ultras. In der Curva Sud gab es alles: Du musstest drei Stunden vor dem Spiel da sein, es gab Leute, die kotzten, Leute, die über Absperrungen kletterten, Leute, die sich von hinten auf die Massen stürzten, bis alle gemeinsam in Richtung der unteren Stehplätze purzelten. Man konnte wirklich Angst bekommen, aber von Politik war, dort drinnen, wirklich wenig zu hören. Man supportete, man ließ sich gehen und man veranstaltete Chaos. Und das Rechts-Sein – oder sich wenigstens so zu nennen – diente für viele wenigstens teilweise dazu, einfach nur Ultras in diesem bestimmten Sinn zu sein. Was natürlich nichts rechtfertigt und vielleicht auch nichts erklärt, aber einfach für eine genauere Rekonstruktion der Geschehnisse unabdingbar ist.

Es wäre armselig, die Faszination, die diese Curva ausübte, zu negieren. Die Brigate Gialloblù waren gewalttätig, frech, rassistisch, zugedröhnt und besoffen, aber sie waren auch originell, unvorhersehbar, unterhaltsam, absolut unkontrollierbar. Es waren die *völlig bekloppten*

Veroneser, die den englischen Stil des Supports praktizierten, größtenteils den Chelsea-Fans entlehnt, mit denen engste Verbindungen bestanden, praktisch eine Bruderschaft, bis zu dem Punkt, dass sie 1976 das Privileg hatten, ihr Banner im „Shed“ des Stamford Bridge aufzuhängen, dem berühmten Sektor der Headhunters von Chelsea. Und die Brigate brachten aus England die Langschals, einen bestimmten Stil der Gesänge und die Klatschrhythmen nach Verona mit. Die Brigate hatten Trommeln in der Kurve, als sie noch fast niemand sonst benutzte, und ließen sie verschwinden, als alle anderen sie einsetzten. Sie waren der Ursprung für zahlreiche Untergruppen, von denen wenigstens an die Gruppe der ASU (Vereinigung der Menschenställe, „*Associazione Stalle Umane*“) erinnert werden soll, deren Mitglieder für die Abwesenheit jeglicher persönlicher Hygiene bekannt waren und für ihre Neigung zu schwerem Kontrollverlust und zur ziellosen Gewalt. Außerdem seien die *Acquatici* genannt, die sich einmal praktisch nackt und mit aus dem Busfenster gesteckten Kanupaddeln zur Auswärtsfahrt nach Florenz begaben.

Und auch in Bezug auf ihre ordinärste und unerträglichste Seite, den Rassismus, haben es die Brigate im Gegensatz zu den Fans von Lazio – fast – immer geschafft, aus den Augen der Ultras gesehen, einen bestimmten Bodensatz (wenngleich manchmal sehr am Boden, der Satz) an Ironie beizubehalten, das Stadion statt in einen Ort der Nürnberger Prozesse in eine Art bösen Karneval zu verwandeln, einen Ort der irrwitzigen Überschreitung jeglicher Konventionen. Die Bananen, die von den Rängen auf den farbigen Spieler Uribe von Cagliari flogen (1983), als dieser einen Eckball ausführte, sind nur dann ekelerregend, wenn man sie sich abends im Fernsehen anschaut, und anders, wenn man sie im Stadion erlebt. (Gipfel der Scheinheiligkeit: live, die ersten Male, lachte man über sowas. Wir alle lachten.)[37]

---

37) A.d.Ü.: Das wäre die Frage. Uribe lachte vermutlich nicht. Ich möchte Francesio so verstehen, dass er auf den

Oder die Ku-Klux-Klan-Kapuzen, die Schutzmasken, die sich die gesamte Kurve aufsetzte, als die Neapolitaner eintrafen, die von Spruchbändern vom Typ „Herzlich willkommen in Italien“ oder „Wascht euch“ begrüßt wurden, die Tausende fantasievoll beleidigender oder schlicht roher Gesänge und Dutzende weiterer solcher Gesten, die in der Curva Sud in Szene gesetzt wurden, finden im Kontext des Stadions, der italienischen Stadien der 80er Jahre, eine Art irrationale, ästhetische und vielleicht bedrückende Erklärung.

Die Brigate verärgerte wirklich ernsthaft alles, was als bestehende Autorität galt, besudelten alles, was gemeinhin anerkannt, politisch korrekt und sozial akzeptiert war. Sie störten. Und das gefiel den anderen Ultras sehr, auch denen, und das war die Mehrheit, welche die Brigate hassten.

Danach, in den letzten 15 Jahren nach der Auflösung und mit dem Niedergang der Mannschaft, verlor die Südkurve des Bentegodi viel von ihrer beunruhigenden Faszination: Es ist alles zur Mode geworden, zur Wiederholung, die den karnevalistischen und witzigen Aspekt völlig verloren hat. Es gab nicht mehr viel zu lachen, und es gab nicht einmal mehr die Verführungskraft der Bösen.

Widerspruch zwischen Stadionrealität und heuchlerischer Berichterstattung abhebt, darauf, dass es im Stadion rauer zugeht als in den Salons des Bürgertums.

8
Hooligans

Zu den vielen Besonderheiten der Ultras aus Verona gehörte die Angewohnheit, nach Auseinandersetzungen vor Ort ihre Visitenkarte zu hinterlassen: „Glückwunsch, du hast gerade die Brigate Gialloblù kennengelernt". Die Idee ist diesmal nicht originell, sondern das traurige Copyright gehört der Inter City Firm, einer äußerst gewalttätigen Fangruppe von West Ham United aus London. Und das ist kein Zufall. Einerseits, weil die Tifoseria aus Verona von den italienischen diejenige ist, die sich am meisten vom „Englischen Modell" hat inspirieren lassen (offensichtlich gibt es immer ein „Englisches Modell", auf das man zurückgreifen kann), andererseits, weil man sich in jenen Jahren zuallererst und vor allem auf die englischen Hooligans bezog, wenn man über Gewalt in den Stadien redete.

Auch wenn „Hooligans" ein unpassender Begriff ist, den die englischen „*firms*" nie verwendeten, um sich selbst zu beschreiben. „*Firm*" ist für die Engländer im weitesten Sinne die Entsprechung von „Gruppe" in der Bedeutung von Ultras, und in England wie in Italien gibt es mehr oder weniger namhafte *firms*: Von den Headhuntern aus Chelsea zur Service Crew aus Leeds, von der Red Army aus Manchester zu den Gooners von Arsenal, über die oben genannten ICF und – vielleicht die gewalttätigsten von allen – die Bushwackers von Millwall, bis – um mit dem Prunkstück zu enden – zu den Tragödien und dem Horror der vielleicht faszinierendsten Fangruppe der Geschichte, den Scallies[38] aus Liverpool, zusammengedrängt im „Kop", der „*Curva*" der Anfield Road oder gefährlicherweise auf Tour in England und in Europa. Durch die Beat-Kultur und gewerkschaftliche Bekenntnisse geprägt,

38) In Wahrheit ist „Scallies" nicht der Name einer bestimmten *firm*, sondern der Spitzname, den sich die Fans von Liverpool und Everton, der anderen Mannschaft aus Liverpool, gaben: Er stammt vom amerikanischen *scallywag*, „Lausejunge".

gleichzeitig raffiniert und volksnah, originell, unterhaltsam, aber eben auch Diebe, Plünderer und brutal gewalttätig, Mörder und Opfer, waren die Fans von Liverpool sicherlich entscheidend für den englischen Support und nicht nur diesen.

Wahrscheinlich wäre die Ultrà-Kultur in Italien gegen Ende der 60er Jahre trotzdem entstanden, aber sicherlich machte sich der Einfluss der englischen Support-Kultur ab der zweiten Hälfte der 70er Jahre in äußerst vielen italienischen Gruppen bemerkbar. Das Fernsehen sendete die ersten Bilder, und „Jugendreisen nach England“ begannen, immer populärer zu werden. Viele berichteten bei ihrer Rückkehr von jener so völlig von der unseren verschiedenen Art, die Mannschaft zu unterstützen, von jenen so schönen Stadien, den Gesängen, den Prügeleien auf den Tribünen. Und dann gab es noch den festen Termin der Fernsehübertragung des englischen Pokalfinales im Mai und die Fotos aus dem *Guerin Sportivo*. Das alles übte eine nicht zu verneinende Faszination auf viele Ultras aus, auf Einzelne wie auf Gruppen. Es handelte sich allerdings vor allem um eine ästhetische Inspiration, nicht um den Versuch einer völligen inhaltlichen Angleichung. Man schaute sich die Engländer gern an, aber die italienischen Ultras haben sie immer als etwas von ihnen selbst Verschiedenes angesehen.

Die Unterschiede sind in der Tat zahlreich: Als Erstes wäre die größere soziale Gleichheit der Engländer zu nennen. Die Hooligans stammen bis in die gesamten 80er Jahre in ihrer Mehrheit aus der *working class*, den heruntergekommenen Stadtvierteln. Sie sind einer der vielen Kanäle, in denen sich die Opfer des Thatcherismus verteilten: in Liverpool, in Manchester, im Londoner East End. Etwas Ähnliches gibt es in Italien nicht, wo die soziale (und kulturelle) Struktur der Kurven schon immer äußerst bunt gemischt war.

Andersartig ist – trotz aller oben genannten, unbestreitbaren Einflüsse – auch immer der Support selbst geblieben, tribalistischer und physischer der englische, spektakulärer der italienische.

Teilweise ist auch die Art der Gewaltanwendung eine andere. Es gibt in der Tat nur ganz wenige Fälle, in denen italienische Fangruppen ungerichtete Gewalt oder Zerstörungen anrichten, wenn sie ihrer Mannschaft durch ganz Europa folgen. Dies deswegen, weil die Gewalt der italienischen Ultras nur selten ein Ziel für sich bedeutet, reiner Ausdruck von Brutalität, sondern immer gegen einen angenommenen Feind gerichtet ist, seien es gegnerische Fans oder die Polizei.

Und schlussendlich ist auch das Verhältnis zur Nationalmannschaft ein anderes, ein völlig anderes. Über Italien kann man – abgesehen von einem jetzt erst aufgelebten Versuch, die *Ultras Italia* zu beleben, die Ultras verschiedener Mannschaften aufnehmen, um dem Nationalteam zu folgen[39] – sagen, dass es niemals irgendein Verhältnis zwischen Ultrà-Gruppen und der Nationalmannschaft gab. Sei es wegen des in Italien üblichen Campanilismo, sei es wegen genereller Opposition zu allem Nationalen, aber die Ultras haben sich niemals um Italien geschert, im Gegenteil. Für England gilt das genaue Gegenteil. Die gewalttätigsten Fans der Vereine sind dieselben Protagonisten der bierseligen und gefährlichen Expeditionen im Gefolge des Nationalteams, deren psychologischen, sozialen und politischen Fundamente hervorragend herausgearbeitet wurden durch einen Hooligan nach den Ausschreitungen während der Europameisterschaft 1988 in Deutschland: „Maggie Thatcher musste sich bei den Deutschen entschuldigen. Aber ich wette, in Wirklichkeit war sie stolz auf uns.“

39) Die sich allerdings immer häufiger mit der schlechten Meinung vieler italienischer Ultras über ihre Nationalmannschaft auseinandersetzen müssen, die als eine der wichtigsten Ausdrucksformen des „Systems Fußball“ gesehen wird. Und dieselben Ultras Italia entrollten am 17. November 2007 in Glasgow, wenige Tage nach dem Tod Gabriele Sandris, ein Banner, das mit der Aufschrift „Jetzt tötet uns alle“ („*Ora uccideteci tutti*“) an den Tod des jungen Mannes erinnerte.

Die Entwicklung des englischen Supports ist, bei allen Differenzen, nicht so weit von der des italienischen entfernt. Die Gewalt, die es im Umfeld von Fußballplätzen schon immer gab, beginnt gegen Ende der 60er Jahre „organisiert“ zu werden, sie radikalisiert sich ab der Mitte der 70er Jahre und wird so zu einem sozialen und politischen Problem. Umso mehr, als – im Gegensatz zum Rest der europäischen Fangruppen – die Gewalt die englischen Teams auf ihren Auswärtsfahrten auf dem europäischen Kontinent regelmäßig begleitet.

Um nur die herausragendsten Episoden zu nennen: Im UEFA Cup-Finale 1974 in Rotterdam plündern die Fans von Tottenham die Stadt und provozieren schwerste Ausschreitungen im Stadion und nach Spielschluss. Mehr oder weniger dasselbe im darauffolgenden Jahr im Finale des Cups der Landesmeister zwischen Leeds und Bayern München in Paris (Leeds wird aus allen europäischen Wettbewerben ausgeschlossen). 1977, im Cup der Pokalsieger, stürmt die Red Army von Manchester United in Saint-Etienne mit Flaschen und Messern bewaffnet die Tribüne. Die heimischen Fans fliehen auf den Rasen. 1980 in Madrid gibt es schwere Auseinandersetzungen zwischen Fans von West Ham und der Guardia Civil. 1983 erneut Ausschreitungen in Rotterdam, angezettelt von Tottenham-Fans. Auch im darauffolgenden Jahr sind es wieder die Yiddos (dies ist der Name der wichtigsten *firm* von Tottenham, welcher den jüdischen Wurzeln des Stadtteils und der Fans Rechnung trägt[40]), die sich als Protagonisten der Tumulte in Brüssel hervortun, die einen Fan das Leben kosten, der durch einen Barbesitzer getötet wird.[41]

---

40) A.d.Ü.: Eigentlich heissen sie Yid Army. Und natürlich sind das bis auf ganz wenige Ausnahmen in Wirklichkeit keine Juden, sondern sie haben sich ähnlich wie Ajax („Joden“) ein gegen sie (bzw. gegen Tottenham als eher bürgerlichem Club) gerichtetes Schimpfwort zu eigen gemacht und umgedreht (siehe „Nigger“ im Hip-Hop).

41) Die Auflistung stammt aus Jean-Philippe Leclaire, Heysel: *la tragedia che la Juventus ha cercato di dimenticare*, Piemme, Casale Monferrato 2006. Aus diesem Buch stammen auch die Zitate der Seiten 99 und 101.

Tottenham, Leeds, West Ham, Manchester United (und der Kürze wegen habe ich die Ereignisse ausgelassen, die Chelsea, Everton und Aston Villa betreffen). Und Liverpool? Wieso kommen die als „Animals" in die Geschichte eingegangenen in dieser Auflistung nicht vor? Ganz einfach, weil sie niemals eine der gewalttätigsten englischen Fangruppen gewesen sind. Berühmt, sicherlich, für ihre Art, Jugendkultur zu interpretieren, für ihre fast schon „religiöse" Version des Supports (The Kop als große „Ekklesia", herausragender Treffpunkt der Gemeinde), und auch, weil die Unterstützung der damals wahrscheinlich besten Mannschaft der Welt das bestmögliche Schaufenster garantierte. Auch gefährlich, ohne Zweifel, aber vermutlich mehr für die Ladenbesitzer der besuchten Städte und die Ausrichter des jeweiligen Spiels als für die gegnerischen Fangruppen (auch wenn sich selbstverständlich niemand vor Zusammenstößen drückte): Die „Reds" waren in der Tat spezialisiert darauf, in den funkelnden Geschäften der europäischen Hauptstädte buchstäblich alles zu plündern, was sie konnten (Liverpool war in den 70ern und 80ern eine der ärmsten Städte Europas), und sie waren wirklich spektakulär beim *bunking in*, dem Zugang zum Stadion ohne Ticket. Jedenfalls waren sie nicht wirklich Pfadfinder, aber auch nicht die schlimmsten von allen. Um ein „italienisches" Beispiel zu bringen: Ein Jahr vor Heysel, im Finale des Cups der Landesmeister in Rom, gewonnen durch Liverpool im Spiel gegen den AS Rom, waren die Scallies sicherlich mehr Opfer als Aggressoren, so dass das Merkmal „in Rom dabei" eine wichtige Feder am Hut der *Kop*-Gänger war.

Kommen wir also zu Heysel, immer noch eine blutende Metapher für 40 Jahre gewalttätigen Support in Europa.

Wenn man das Buch des französischen Journalisten Jean-Philipp Leclaire liest, muss einem der Titel von Tina Merlins der Katastrophe von Vajont gewidmeten Buch in den Sinn kommen: *„Bei lebendigem Leib. Wie man eine Katastrophe konstruiert. Der Fall Vajont."* („Sulla pelle viva. Come si costruisce una catastrofe. Il caso del Vajont"). Auch die von Heysel ist eine „konstruierte" Tragödie. Die Oberflächlichkeit, die Inkompetenz, die Ängstlichkeit und die Privatinteressen der betrauten Institutionen (UEFA und belgische Regierung) haben buchstäblich alle Voraussetzungen dafür geschaffen, dass die trunkene Brutalität der Hooligans den schlimmstmöglichen Schaden anrichten konnte.[42]

Die Tatsachen sind bekannt, wenn auch nicht *wirklich* bekannt, weil es sich um Ereignisse handelt, über die man in Italien nicht gern sprach. Das Brüsseler Heysel-Stadion, ausgewählt als Austragungsort des Finales des Pokals der Landesmeister zwischen Juventus und Liverpool (29. Mai 1985), ist dermaßen alt und verfallen, dass einige Spieler beider Mannschaften während des traditionellen „Ortstermins" sehr betroffen und besorgt sind. Darüber hinaus hat es eine Besonderheit: zwei sehr kleine Tribünen (für insgesamt weniger als 20.000 Besucher) und zwei sehr große Kurven (mehr als 30.000 Besucher). Die Kurven sind jede in drei Sektoren unterteilt. Eine Kurve (Sektoren O, N, M) ist völlig mit Fans von Juve gefüllt (Fanclubs und Ultras); die andere ist zu zwei Dritteln (Sektoren X und Y) mit Liverpool-Fans gefüllt; der dritte Sektor (Z) ist für das neutrale Publikum vorgesehen.

Und so, nach einem Nachmittag, der von einem durch Messerstiche verletzten Engländer und den folgenden kleinen Scharmützeln, von Überfällen und großen Besäufnissen, aber auch von Momenten friedlichen Zusammenseins beider Tifoserien gekennzeichnet ist, darunter auch ein Fußballspiel der Fans, bewegen sich alle in Richtung Stadion, umringt von Dutzenden Schwarzhändlern, die Karten verkaufen (oder sich von den Reds klauen lassen).

Und die Überraschungen beginnen.

Erste Überraschung: Der Sektor Z, der den „neutralen" Fans vor-

42) Und weil es in diesem Buch an Kritik an Italien und seinen Institutionen nicht mangelt, ist es wichtig, daran zu erinnern, dass der Ordnungsdienst des Finalspiels AS Roma – Liverpool 1984 in Rom unter sicherlich schwierigeren Bedingungen als in Brüssel absolut fehlerfrei agierte und die Vorfälle – die durchaus stattfanden, vor allem durch Aktionen der AS Rom-Fans – einigermaßen unter Kontrolle gehalten wurden.

behalten war, ist vollständig mit Juventus-Fans besetzt. Keine Ultras, keine Leute aus den Fanclubs, keine aus den Koordinationszentren. *Juventini* aus ganz Italien und ganz Europa, die sich auf wundersame Weise die Eintrittskarten besorgt hatten, um ihren Traum zu erfüllen, beim Finale des Pokals der Landesmeister dabei zu sein. Also ganz normale Leute, Leute im besten Alter, Familien mit Kindern.

Zweite Überraschung: Die Sektoren X und Y – die für die Engländer in derselben Kurve wie Sektor Z – sind über jedes vernünftige Maß hinaus überfüllt, weil eine große Masse von Liverpool-Anhängern, der Tradition folgend und außerdem begünstigt durch fehlende Einlasskontrollen, ohne Tickets reingekommen ist.

Dritte Überraschung: Um den Sektor Z von den in englischer Hand befindlichen Bereichen zu trennen, wurde ein Zaun verwendet, der als *chicken wire* (Hühnerdraht) in die Geschichte eingehen sollte. In Wirklichkeit ein Maschendraht, wie er zur Umgrenzung von Tennisplätzen eingesetzt wird – bewacht von zwölf (ihr habt richtig gelesen, zwölf!) Gendarmen. Das reicht nicht.

Vierte Überraschung: Die Gendarmen verlassen irgendwann die Kurve, um der Inhaberin eines Hot-Dog-Stands zu Hilfe zu eilen, die ausgeraubt wurde.

Achtung, das jetzt Folgende ist kein Ausdruck des „hinterher weiß man immer alles besser", dies sind die Überlegungen von Phil Neal, Liverpools Kapitän, die er *vor* der Tragödie anstellte:

> *„Phil Neal, ein Veteran der 4 Pokalsiege, ist verwundert über die Altersschwäche des Stadions […]. Während der Platzbesichtigung war Neal, auch Kapitän der englischen Nationalmannschaft, sehr betroffen von der Tatsache, dass nur ein dünnes Drahtnetz und wenige Sicherheitskräfte die britischen Fans von denen im Sektor Z trennen sollten. Im vorigen Jahr in Rom wurden dutzende Sitzreihen leer gelassen, um die Fanblöcke besser auf Distanz zu halten."*

Es hätte also ausgereicht, nicht völlig inkompetent zu agieren und ein Minimum über die Zustände in einem Fußballstadion zu wissen.

Aber nicht einmal das. Es hätte auch ein Krümel gesunder Menschenverstand gereicht. Zwei Fangruppen, eine friedlich und wehrlos, die andere jung, grob, völlig besoffen und getränkt von dieser *terrace culture*, die in der Stürmung der gegnerischen Kurve (*taking an end*) als ihr aufregendstes Ziel sieht. Zwei solche Fangruppen, nebeneinander platziert, praktisch ohne Trennung, oder besser gesagt mit einer dermaßen brüchigen Trennung, dass sie eher eine Aufforderung zum Angriff darstellt als dessen Verhinderung. Irrsinn. Völliger Irrsinn. An diesem Punkt wäre es viel besser gewesen, sie gleich richtig miteinander zu vermischen.

Der gesamte Rest ist bestens bekannt. Die Angriffe der Engländer, die Italiener, die sich zusammendrängen, die einstürzende Mauer, die erdrückten und erstickten Toten, bedeckt von Fahnen und Schals, die Juve-Ultras, die den Platz stürmen und von der anderen Seite anrücken, die berittene Polizei auf dem Spielfeld. 39 Tote: ein Ire, zwei Franzosen, vier Belgier, zweiunddreißig Italiener. Der Jüngste, Andrea Casula, war gerade einmal 11 Jahre alt. Ab diesem Moment geht das groteske Ballett des *spielen wir – spielen wir nicht* auf Sendung,[43] des geschenkten Elfmeters, der Juve-Fans unter der Kurve bei Spielschluss, der Leute beim Jubel-Umzug in Turin, der Liverpool-Fans, die völlig unwissend aus dem Stadion gehen und erst vor dem Fernseher erkennen, was sie angerichtet haben. „Wir dachten, wir hätten den Italienern nur eine Lektion erteilt."

Und dann die sinnlosen und grausamen Narben der darauffolgen-

---

43) Ich erinnere daran, umso mehr vor dem Hintergrund der Jubelfeiern nach Spielschluss – beschämend und scheußlich – und der höchst diskutablen Entscheidung von Juve, den Pokal zu behalten, dass Juventus-Präsident Boniperti sehr entschieden gegen eine Ausrichtung des Spiels war. Juventus wurde von den belgischen Behörden gezwungen, anzutreten, die womöglich nicht völlig zu Unrecht für den Fall eines Abbruchs weitere Desaster fürchteten. Man brauchte mehr Zeit, um so viel Ordnungskräfte wie möglich ins Stadion zu bringen.

den Tage: Die erst beklauten und dann nach der Autopsie zerfleddert nach Italien zurückgeschickten Leichen, die Mega-Sperre für die englischen Teams und – die ganze Welt ist ein Dorf – die Polemiken zum Thema, dass die Liverpool-Supporter durch Rechtsextremisten angestiftet worden wären. Das wäre ja nun auch wirklich unglaublich gewesen, wenn die jetzt nicht auch noch irgendwo aufgetaucht wären. Um dann natürlich gleich wieder zu verschwinden hinter den Fakten, den Untersuchungsergebnissen, den Aussagen der Beteiligten, den Biografien der später vor Gericht gestellten.

„Vier Arbeitslose, acht Arbeiter, zwei Anstreicher, zwei Angestellte, ein Schiefer-Brecher, ein Eisenbahner, ein Koch, ein Bergmann, ein Elektriker, ein Zimmermann, ein Maurer, ein Mechaniker, ein Techniker, ein Ladenbesitzer: zum Tatzeitpunkt war der Jüngste […] 17 Jahre alt, der Älteste […] 33. Die von der britischen Presse sofort als „Heysel 26" („die 26 von Heysel") titulierten schienen zu allererst einmal verlorene Kinder einer untergehenden Stadt."

Jedenfalls gab es auch im Heysel-Stadion überhaupt nichts „dahinter" Verborgenes. Keine Eingeschleusten, keine Mysterien. Nur die Banalität einer aus der Brutalität, der Dummheit und der Unorganisation geborenen Tragödie.

Von den 26 aus Heysel werden (1988) 14 verurteilt, die trotzdem lachend und scherzend das Gerichtsgebäude verlassen, weil sie – wegen prozesstaktischen Haarspaltereien – nicht ins Gefängnis gesteckt werden durften (unter anderem waren sie bereits mehrere Monate in Untersuchungshaft); außer ihnen werden auch der Chef der belgischen Gendarmerie und der Chefsekretär des belgischen Fußballverbandes verurteilt. In der Berufungsverhandlung wird zwei Jahre später auch die Verantwortlichkeit der UEFA festgestellt, in einem historischen Urteilsspruch, der durch die Hartnäckigkeit und den Zusammenhalt der

Familien der Opfer von Brüssel erreicht wurde.

Aber für die Fans von Liverpool hatte das Schicksal ein anderes Urteil vorbereitet, deutlich härter und schmerzhafter als das irgendeines Gerichts.

9
„You'll never walk alone"

Walk on, walk on, with hope in your heart
And you'll never walk alone
You'll never walk alone.
Walk on! Walk on!
With hope! In your heart!
And you'll never walk alone!
You'll never walk alone!
Walk on, Walk on...

Für die wenigen, die es nicht wissen: Dies ist „das Lied" der Liverpool-Supporter, vielleicht der schönste und beeindruckendste der vielen Gesänge aus allen europäischen Stadien. Später wurde es von einer Unzahl verschiedener Fangruppen übernommen, darunter – in Italien – die des AC Milan. Auf der Homepage des Liverpool FC findet sich unter dem Schriftzug „You'll never walk alone" eine Auflistung der Opfer von Sheffield, mit Name, Nachname und Alter, und mit diesem Lied und dieser Episode verbindet sich auch einer der schönsten Momente der Geschichte der italienischen Ultras, und vielleicht nicht nur der italienischen.

Es ist der Abend des Halbfinales des Pokals der Landesmeister 1989, jenes 5:0 des AC Milan gegen Real Madrid, als während der Schweigeminute für die Opfer von Sheffield einer der „Vorsänger" der Mailänder Kurve sich auf die Balustrade erhebt und ohne Megaphon, nur leise, „*You'll never walk alone*" anstimmt. Die gesamte Kurve folgt ihm. Niemals in der Geschichte der Schweigeminuten gab es etwas Berührenderes, Mitreißenderes. Nicht nur im Stadion, auch im Fernsehen überträgt sich das Ergreifende dieses Augenblicks, weit über all die wohlmeinenden Worte der Gutmenschen hinausgehend. Es ist nur eine Minute, ein nicht wiederkehrender und flüchtiger magischer Moment, in dem das Stadionvolk es zu schaffen scheint, alle absurden Schranken niederzureißen, die sinnlosen Rivalitäten, die erstickenden Regeln, den Hass und die Rachsucht, und man fühlt wirklich, wie eine Welt gemeinsam (Italiener, Engländer, Europäer) ihre Toten beweint, dieses Mal wirklich „nur“ Stadiontote, Tote der Leidenschaft. Die Milanisti werden später von den Liverpool-Fans selbst kontaktiert, die sich bei ihnen bedanken.

Aber was war in Sheffield passiert? In Sheffield findet am 15. April 1989 der schwärzeste Tag in der Geschichte des englischen Fußballs statt und der traurigste Tag der jüngeren Geschichte Liverpools. Die Sonne scheint an jenem Frühlingssamstag, und aus Liverpool setzen sich 25.000 Menschen in Richtung Sheffield in Bewegung, um beim Halbfinale des englischen Pokals gegen Nottingham Forest dabei zu sein. Zu viele. Aber die Fans aus Liverpool haben sich noch nie allzu viele Gedanken um Eintrittskarten gemacht. Irgendeinen Weg, ins Stadion zu kommen, findet sich am Ende immer. Den *Scallies* ist das *Lepping‘ Lane End* zugedacht, eine der beiden „Kurven“ des Hillsborough-Stadions, die jedoch schon vor Spielbeginn völlig überfüllt ist. Draußen drängeln sich noch mindestens weitere 5.000 Personen, die auf Einlass drängen. Um 14.52 Uhr, wenige Minuten vor Spielbeginn, entscheidet der Ordnungsdienst – mit krimineller Inkompetenz – ein Tor zu öffnen, um sie hereinzulassen. Und nach stundenlanger Wartezeit, mit vollem Adrenalinpegel und der Unruhe, die sich immer ergibt, wenn man noch draußen steht und der Spielanpfiff naht, ergießt sich die Masse ins Stadion. In einem Augenblick gerät die Situation außer Kontrolle: Menschen werden erdrückt und niedergetrampelt, und wer auf das Spielfeld flüchten will, wird nach dem Übersteigen der Begrenzungszäune von der Polizei wieder zurück gejagt, die noch nicht begreift, was da gerade geschieht. So sterben 96 Menschen. 21 von ihnen sind jünger als 18 Jahre, der Jüngste – Jon-Paul Gilhooley – ist gerade zehn Jahre alt.

Die Tragödie sorgt für ein ohrenbetäubendes Echo in England. Während Heysel für die Engländer eine nationale Tragödie war und zu strengeren Gesetzen und repressiven Praktiken gegen die immer gewaltbereitere Jugend führte (zwischen 1986 und 1990 wurden die Anführer fast aller namhaften *firms* verhaftet), markiert die Tragödie von Sheffield den Punkt ohne Wiederkehr des britischen „Fußball-Systems". Es handelt sich nicht nur um ein Problem mit gewalttätigen Fans, sondern um ein Problem der Sicherheit und Würde des ganzen Landes, seiner Organisationen und seiner Infrastruktur.

Sheffield ist das Jahr Null des britischen Fußballs. Und die Engländer – die Ernst machen, wenn sie Ernst meinen – entscheiden, das „Problem Fans" in allen seinen Facetten anzugehen. Sie hatten nach Brüssel bereits mit der Repression begonnen (wenige Schläge und viele Verurteilungen, genau das Gegenteil von dem, was in Italien passiert), jetzt nehmen sie die Prävention in Angriff. Dafür wird der ebenso einfache wie mutige Kern des *Taylor Reports* herangezogen, dem von Thatcher nach dem Hillsborough-Desaster bei Senator Taylor in Auftrag gegebenen Bericht: „Wenn ihr nicht wollt, dass sie sich wie Vieh benehmen, hört auf, sie wie welches zu behandeln." Was bedeutet, dass man 90% der englischen Stadien abreißt und bequemer, sicherer und besser geeignet für das sich abzeichnende neue Modell Fußball wieder aufbaut: weniger volkstümlich, weniger leidenschaftlich, elitärer, teurer, mehr Show und weniger Sport, vielleicht auch etwas trauriger, aber ohne Zweifel sicherer.[44]

---

44) „*There is no panacea which will achieve total safety and cure all problems of behaviour and crowd control. But I am satisfied that seating does more to achieve those objectives than any other measure.*" (Taylor, 1990): „Es gibt kein System, das absolute Sicherheit garantiert und alle

Der *Taylor Report* bringt das gefeierte „englische Modell“ hervor, das in Italien seit Jahren gefordert, gefeiert, verabscheut, gehasst wird (in den meisten Fällen natürlich unter völliger Missachtung seines Sinns), um dann als eine der vielen abgestandenen hohlen Formeln zu enden, die den Orbit des Phänomens Ultrà umkreisen werden.

Während es in Wirklichkeit nicht wirklich viel zu sagen gibt, weil alles von einer entwaffnenden Banalität ist. Es braucht Geld und den Willen. Geld, um die Stadien zu rekonstruieren und den Willen, ernsthaft mit den Fans zu arbeiten, um die Kultur und die Denkweise der Stadionbesucher zu ändern.

Nichts verbietet, genau dasselbe auch in Italien zu tun, weil die Unterschiede der beiden Phänomene (Hooligans und Ultras) keine Auswirkungen haben auf die von der Gesellschaft, den Vereinen und den Ordnungskräften einzusetzenden Gegenmaßnahmen. Als Franco Carraro, Präsident des italienischen Fußballverbands, nach dem *durch Ultras* abgebrochenen römischen Derby fast gelangweilt erklärt, das englische Modell ließe sich nicht anwenden, weil wir hier „in Italien“ seien, versteckt er hinter dem Gemeinplatz nur die historische Lähmung unserer fußballerischen Institutionen. Jeder, der sich auch nur ein bisschen informiert hat, weiß nämlich, dass die in England angewandte Strategie – die sich zusammenfassen lässt als „Politik der Sicherheit“ statt „Politik der Kontrolle“ – sich absolut auch auf andere Länder übertragen ließe. Nur dass diese Strategie, zunächst, sehr hohe wirtschaftliche Kosten bedeutet (in England wurden ungefähr 350 Millionen Pfund ausgegeben, um die Stadien in Ordnung zu bringen, während bei uns niemand Geld ausgeben will) und Kraft und Entschiedenheit bei der Durchsetzung erfordert. Und auch an dieser Front zeigt sich niemand – die Vereine, also die Liga, der Fußballver-

---

Probleme in Bezug auf das Verhalten und die Kontrolle der Menge löst. Aber ich bin überzeugt, dass Sitzplätze mehr als jede andere Maßnahme zum Erreichen dieser Ziele förderlich sind.“

band oder die Ordnungshüter – der in der Lage wäre, die Regeln auch durchzusetzen. Regeln, die – Achtung, hier liegt der Kern des Problems, wie fast immer in Italien – größtenteils bereits existieren, aber von niemandem respektiert werden. Nummerierte Sitzplätze, um ein Beispiel zu nennen, sind auch in Italien Pflicht, theoretisch bereits seit langer Zeit, aber jeder, der bereits einmal einen Fuß ins Stadion gesetzt hat, weiß, dass es diese nicht nur in den Kurven nicht gibt, sondern auch in praktisch allen anderen Stadionsektoren nicht, mit Ausnahme der teuersten Tribünenplätze. Generell lebt immer noch das Konzept des „Wer zuerst kommt, sitzt besser und tschüss". Wenn man hingegen ein Spiel, auch Spitzenspiele, der Premier League anschaut, fällt sofort ins Auge, dass bis *10 Minuten vor Spielbeginn* das Stadion immer noch halb leer ist. Zum Anpfiff, Stadion voll, die Leute sitzen, alles ruhig.

In England hat man es geschafft, die Atmosphäre der Unruhe aus den Stadien zu verbannen, die mögliche Gewalt, das drohende Unheil. Dies war der entscheidende Faktor, weit wichtiger als der repressive Aspekt, obwohl auch dieser mit Härte und Intelligenz angewendet wurde. Durch die Änderung der Stadien, indem man diese zu Orten machte, in denen eine bestimmte Verhaltensweise, eine bestimmte Haltung, ihren Sinn verlor, weil sie nicht mehr vom Umfeld legitimiert war, hat man auch das Publikum geändert.

Die Stadien wurden in einer Art umgebaut, die eine eiserne Kontrolle über die Plätze und die zugehörigen Eintrittskarten erlaubte. Der Kartenverkauf wurde abgesichert über eine absolute Fokussierung auf den Dauerkartenabsatz und rigide Kontrollen der Käufer der wenigen im freien Vorverkauf erhältlichen Tickets (die zudem praktisch ausschließlich im Internet vertrieben werden). Die Schwarzmarkthändler sind, natürlich, weitgehend verschwunden, und die paar verbliebenen verkaufen dir eine Karte mit der Heimlichtuerei und Angst desjenigen, der gerade den Austausch eines Kilos Heroin verhandelt. An dieser

Stelle ist der Vergleich mit Italien, wenn überhaupt möglich, nur noch peinlicher und beunruhigender.

Schließlich wäre da noch die Organisation eines echten Ordnungsdienstes. Ich glaube, die Frage, die man sich in England vor fast 20 Jahren gestellt haben muss, lautete ungefähr so: Warum muss die Allgemeinheit überhaupt dafür Sorge tragen, den Bekloppten, die sich ein privatwirtschaftliches Spektakel anschauen gehen, zu garantieren, dass sie sich nicht wehtun, wenn sie sich untereinander prügeln? Die Antwort, so stelle ich mir weiter vor, muss gewesen sein, dass es dafür überhaupt keinen Grund gibt. Also wurde der Umbau der Stadien immer mit dem Ziel vor Augen durchgeführt, dass diese sich durch die Vereine selbst kontrollieren lassen. In der Tat ist die in englischen Stadien eingesetzte Polizei heute in erster Linie „spezialisiert“ (National Football Intelligence Unit), und auch nur außerhalb der Stadien selbst präsent, in Anzahl und Auftreten nicht mit der italienischen Polizei vergleichbar und deutlich effizienter.[45]

Es hängt alles zusammen: Stadien, in denen man die Personen sicher identifizieren kann, erlauben es, die Einhaltung der Sicherheit ausschließlich den Angestellten (oder Stewards) zu überlassen, die von den Vereinen bezahlt werden. Wenn irgendjemand aufsteht oder stört, wird ihm ein Zeichen gegeben, und er beruhigt sich fast immer sofort, weil er weiß, dass er bezahlt, wenn er frech wird, und zwar sofort.

---

45) Die Ereignisse des Viertelfinales der Champion's League im April 2007 zwischen AS Roma und Manchester United bezeugen das. Unabhängig von der Tatsache, dass die Polemiken in solchen Fällen immer von beiden Seiten instrumentalisiert werden, bleibt festzuhalten, dass es in Rom 19 Verletzte zu beklagen gab, davon verschiedene Stichverletzte (alles Engländer), eine gigantische Auseinandersetzung der Engländer mit der Polizei im Stadion und keine Festnahmen. In England wurden „physische“ Auseinandersetzungen auf ein Minimum reduziert, und es gab 21 Verhaftungen, davon 14 Engländer und sieben Italiener (zwei wegen Diebstahls). Ein wenig anders als das, was der Präfekt von Rom, Achille Serra, sagt, wobei man gleichwohl anerkennen muss, dass es ihm gelang, die Bilder der Ausschreitungen im Stadion so zu kommentieren, dass er zu völlig entgegengesetzten Erklärungen als denen kam, welche die Bilder selbst überdeutlich suggerierten.

Ich will nicht sagen, dass der Fußball in England das Paradies wäre, dass alles perfekt wäre etc., vor allem in Bezug auf das Verhalten der Fans im Ausland ist das Problem alles andere als gelöst, aber es handelt sich um die Bestätigung der These, dass Gewalttäter – die es immer und überall gibt – so weit zurückgedrängt werden können, dass sie keine generelle Gefahr mehr darstellen. Heutzutage ein Spiel in England anzuschauen ist zweifellos eine ganz andere Sache.

Um nur ein Beispiel dafür zu bringen, wie sehr die Regeln eingehalten werden, muss man wissen, dass heute im Kop, oder besser dort, wo man an der Stelle der berühmtesten und berüchtigtsten Ränge der Geschichte des Fußballs neue Tribünen errichtet hat, die Kinder zwangsläufig in einen eigens für sie und ihre Begleiter eingerichteten Bereich gehen müssen. Selbst wenn dies bedeutet, dass viele Gruppen von Freunden sich trennen mussten, auch wenn sie schon seit Jahrzehnten gemeinsam die Spiele besuchten. Es ist unmöglich, zusammenhängende Plätze zu buchen, selbst wenn man gemeinsam Dauerkarten erwirbt. Kategorisch: In diesen Bereich der Kurve kannst du nur mit einem Kind gehen, und wenn du mit einem Kind ins Stadion gehst, kannst du nur in diesen Bereich. Ende der Diskussion. Wenn dir das nicht passt, schaust du dir das Spiel zu Hause an. Es ist offensichtlich, dass es sich häufig um diskutable Maßnahmen handelt, teilweise von einer sinnlosen Härte, aber das Verblüffende für den italienische Stadien Gewohnten ist die Tatsache, dass es in England möglich wurde, die Respektierung dieser Regeln – unabhängig von deren Bewertung – im Inneren der Sportstätten durchzusetzen.

Ähnliches gilt für das Thema Gitter und Einzäunungen: „Wenn ihr nicht wollt, dass sie sich wie Vieh benehmen, hört auf, sie wie welches zu behandeln" ist irgendwie die Essenz des *Taylor Reports*. Umso mehr, nachdem man gesehen hat, wie die Zäune um das Spielfeld herum vielleicht auch irgendeinen Platzstürmer von seinem Vorhaben abgehalten haben, dafür aber auch für den Tod von fast 100 Menschen auf einen Schlag verantwortlich waren. Also fort mit den Zäunen: Für den, der über die Begrenzung klettert und den Platz stürmt, gibt es Gesetze und Strafen, welche – wie es eigentlich immer der Fall sein sollte – die persönliche Schuld und Verantwortung bestrafen.

Trotzdem prügeln sich die *firms*, indem sie sich außerhalb der Stadien verabreden? Natürlich, aber das ist ein anderes Paar Schuhe. Das ist wirklich ein soziales Problem, das die Eingriffe in die Stadienstruktur nicht lösen können.

Aber bis jetzt hat der erschlaffte und rationale Fan gesprochen, der ich geworden bin, und nicht der Ultrà, der ich war und der glücklicherweise auch noch seine Meinung äußern will.

Die neuen und kontrollierten Stadien, die harten (und durchgesetzten) Gesetze, die teureren Eintrittskarten, die *customer satisfaction*, all das sorgt nicht nur dafür, dass viele gewalttätige Fans aus den Stadien der *Premier League* ferngehalten werden, sondern hinterlässt auch eine Unzahl unschuldiger Opfer: all die weder gewalttätigen noch aggressiven Fans, die in der populären Dimension und dem Hauch von Abenteuer eines Fußballspiels ihren Anreiz fanden. Das englische Fußballpublikum ändert sich in den 90er Jahren radikal, es wird elitärer, ist weit mehr in das Show-Business eingebunden, ganz dramatisch weniger spontan und auch ein bisschen weniger echt.

Der *Taylor Report* markiert, vielleicht nicht einmal bewusst, einen *point of no return*, weil er sich – auch im chronologischen Sinn – nahtlos in die epochale Umwälzung einfügt, die der Beginn des Fußballs als Fernsehware mit sich bringt, zuerst in England, danach auf dem Kontinent. Der Fußball mutiert von der Leidenschaft zur Mode, vom sportlichen Wettstreit (auch für das Publikum[46]) zum erweiterten Alltagsphänomen, zum Happening.

Und neben verschiedenen weiteren Dingen verliert sich auch die Bindung zwischen Stadion, Mannschaft und Heimatstadt, weil die neuen Modi des Kartenverkaufs (die zudem äußerst teuer werden) den Stadionbesuch für Fans von „außerhalb" der Heimatstadt der Mannschaft erleichtert, bis zu einem Punkt, an dem vielerorts (unter anderem in Liverpool) echte und ernsthafte Rivalitäten zwischen alten und neuen Fans aufleben.

Es gibt viele Fangruppen im England der frühen 90er Jahre, die für sich das „Recht auf Unbequemlichkeit" beanspruchen, die offen den Willen aussprechen, den Fußball, das Spiel, das Stadion in ihrer rohen und volkstümlichen Art zu bewahren, die sie immer charakterisiert hat. Und das Ziel dieser englischen Fans ist wirklich großmütig und würde größere Resonanz verdienen: Im Nachgang von Heysel werden sowohl die Football Supporter's Association, gegründet von nicht gewalttätigen Fans, die sich die Stadien wieder aneignen wollen, bevor die Situation unumkehrbar wird, als auch die monatliche Publikation *When Saturday comes* geboren, das sich rasant zur vielleicht europaweit einzigen Stimme aufschwingt, die einen Mittelweg zwischen Hooliganismus und Fußball-Marketing bewirbt.

Es handelt sich um wichtige, wenn auch nicht erfolgreiche Initiativen, die auch weiterhin bestehen und die es trotz allem schaffen, den Fans eine maßgebliche Stimme zu geben, das Konzept zu kommunizieren, dass fußballbegeistert und Stadiongänger nicht gleichbedeutend sind mit Suffkopf und Gewalttäter und dass die Stadien ein Verwahrort und ein Vermögen der Volkskultur sind, wichtige Orte für einen Ge-

46) A.d.Ü.: Francesini fügt hier noch das nicht wirklich übersetzbare Wortspiel ein, in dem er darauf hinweist: *e „agonismo", non a caso, ha la stessa radice di „agonia"* – dass „Kampfgeist/Wettstreit" (*„agonismo"*) nicht nur zufällig denselben Wortstamm hat wie „Todeskampf" (*„agonia"*).

meinsinn, Orte für ehrliches und spontanes Zusammensein, die man nicht einfach mit einem Federstrich abschaffen kann, um sie auf dem Altar der Stadien für Familien zu opfern.

Aber es gab keine Chance. Das neue Publikum, wie es sich in der zweiten Hälfte der 90er Jahre, nach der Revolution des britischen Fußballs, in England präsentierte (eben genau die Familien, die Besserverdiener, die Dauerkarteninhaber aus anderen Städten), ist ein Publikum, das deutlich weniger Probleme für die öffentliche Ordnung darstellt und über größere wirtschaftliche Ressourcen verfügt. Zwei entscheidende Merkmale.

1994, weniger als zehn Jahre nach dem Desaster von Brüssel und fünf Jahre nach Sheffield, werden in Liverpool die Säulen des Tempels niedergerissen. Der Kop wird zerstört und wieder errichtet: dort, wo bis vor wenigen Jahren die Masse dermaßen gedrängt stand, dass es unmöglich war, sich zu bewegen, und die Leute sich gegenseitig angepinkelt haben. Dort, wo ein Kind minutenlang zwischen den Schultern der anderen eingekeilt stehen konnte, ohne mit den Füßen den Boden zu berühren, gibt es heute nur noch rote Sitzplätze, mit Lehne. Die Leute singen trotzdem, klatschen in die Hände, vielleicht schreien sie auch; der Kop bleibt die bunteste und hitzigste Tribüne Englands, und noch heute ist eine Schalchoreo der Reds einer der schönsten Anblicke, die ein Fußballstadion zu bieten hat.

Aber normalerweise bleiben die Leute sitzen. Sie können aufstehen. Im Fernsehen, und das ist ja am wichtigsten, bemerkt man das kaum, der mediale Effekt bleibt unberührt. Aber im Stadion, im Stadion nicht. Wenn du ins Stadion gehst, ist der Anblick eines sitzenden Kop nur traurig.

Ebenfalls im Jahr 1994, während sich in Liverpool Tausende Scallies unter Tränen in die schmerzhafte Pilgertour ins Stadion einreihen, um sich Betonstückchen dieser so sehr geliebten Stehtribüne mit nach Hause zu nehmen, wird in Brüssel das Heysel-Stadion umstrukturiert.

10
Die schlimmsten Jahre

Die italienischen Ultras waren immer die entschiedensten Gegner der Idee, das englische Modell auch in Italien anzuwenden. In diesem Punkt, zusammengefasst in einem prägnanten „no al calcio moderno" („gegen den modernen Fußball"), stand die Ultrà-Bewegung in den letzten zehn Jahren geschlossen wie noch nie zuvor. Die Ultras, wohl weil sie weitsichtiger sind als diejenigen, welche sie bekämpfen, haben in der Tat genau erkannt, dass die Hauptgefahr für sie nicht in den Schlagstockeinsätzen der Polizei besteht. Nicht einmal die – zudem unrealistische – Hypothese wirklich durchgesetzter Rechtsprechung bedroht sie derart, wie die Möglichkeit, sich plötzlich in einem Fußball wiederzufinden, der sie verdrängen, isolieren und ihres Daseinszwecks berauben würde.

Man muss trotzdem versuchen, ehrlich und minimal pragmatisch zu sein und sich einzugestehen, dass keine auch nur halbwegs normale Gesellschaft die Theorie und die Praxis des „ehrenvollen Kampfes" tolerieren könnte, die zwar nicht die Mehrheit, aber immer noch ein bedeutender Teil der italienischen Ultras weiterhin auszuleben versucht.

Wenn die Alternative der derzeitige Kampf gegen alles und jeden ist, wäre wenigstens ein unblutiges Ende der Geschichte alles in allem nicht völlig inakzeptabel gewesen. Aber nach dem grauenvollen Jahr 2007, mit dem Desaster von Catania und dem Tod Filippo Racitis, der Tötung Gabriele Sandris und dem darauffolgenden völlig irrwitzigen Nachmittag, steht vermutlich auch dieser Weg nicht mehr offen. Und wenn man die Möglichkeit ernsthafter Vorkehrungen und wirtschaftlicher und kultureller Investitionen ausschließt, verbleiben nur noch die Gewalt der blindesten Ultras und die Repression der Polizei.

Ansonsten handelt es sich nur um eine weitere Geschichte von vertanen Chancen im Land der vertanen Chancen. So wie die enorme Möglichkeit, die sich – um wieder zum zeitlichen Ablauf der Ereignisse zurückzukehren – in der zweiten Hälfte der 80er Jahre in Italien bot, wenn jemandem nur wirklich daran gelegen gewesen wäre, im Fußballsystem einzugreifen und das Gewaltproblem einzudämmen. In dieser Zeit, zumal nach Brüssel, konnte sich niemand mehr taub stellen und ignorieren, dass das Problem der Gewalt in den Stadien, wenn man es denn ernsthaft in Angriff nehmen will, strukturelle Eingriffe erfordert. Und die Weltmeisterschaft 1990 in Italien hätte eine herausragende Möglichkeit sein können, die Stadien nach moderneren und funktionaleren Maßgaben umzubauen für einen neuen Fußball, der sich schon damals klar abzuzeichnen begann. Aber wie die Organisation der WM ‚90 in Italien dann ablief, ist eine bekannte (größtenteils gerichtsbekannte) Geschichte.

Heute, weniger als 20 Jahre danach, entspricht kein italienisches Stadion „der Norm", ein europäisches Pokalfinale zu beherbergen. Im Nachgang zum Tod Racitis entdeckt man, dass es genau zwei Stadien gibt, welche den Vorgaben des Pisanu-Dekrets (2005) entsprechen: Genua und Palermo. Als in Ordnung wird auch das Olympiastadion in Rom betrachtet, auch wenn bekannt ist, dass es sich um einen zwar theoretisch regelkonformen, aber praktisch völlig unkontrollierbaren Bau handelt. An allen anderen Stadionbauten, die für „Italia ‚90" modernisiert wurden (inklusive dem San Nicola in Bari, 1990 nach Plänen von Renzo Piano von Grund auf neu errichtet), wurden mehr oder weniger massive und/oder ästhetische Eingriffe vorgenommen, im Sinne von ausschließlich dekorativen Umbauten, ohne jegliche praktische Bedeutung: Gerade in Bari sprach man, unter souveräner Ignorierung der Lächerlichkeit dieser Aussage, von „handbetriebenen Drehkreuzen". [47]Dann gibt es noch den unglaublichen Skandal des Stadio delle Alpi in Turin, dieses ebenso gigantischen wie falsch geplanten Raumschiffs, dessen Errichtung neben enormen Geldmengen auch mehreren am Bau beteiligten Arbeitern das Leben kostete. Heute steht das delle Alpi leer und wartet auf seine Restrukturierung (in Wahrheit handelt es sich um einen kompletten Abriss und Neubau). Torino und Juventus spielen wieder im alten *Communale*, heute Olympiastadion (das in der Tat regelkonform ist, aber nur weniger als 30.000 Zuschauern Platz bietet, von denen viele eine schlechte Sicht auf das Spielfeld haben).

Die großartige Chance der Weltmeisterschaft von 1990[48] hat man also verstreichen lassen, und das italienische Fußballsystem macht keinen Schritt vorwärts. Im Gegenteil, man bewegte sich unter einem kulturellen und erzieherischen Gesichtspunkt gleich mehrere Schritte zurück, wenn man z.B. sieht, dass genau während der WM ,90 in Italien die Gewohnheit ihren Ursprung nahm, die Hymne der gegnerischen Teams auszupfeifen (wirklich erschreckend die Pfiffe des San Siro während der argentinischen Nationalhymne vor der Eröffnungspartie gegen Kamerun, reine Rache der Milanisti/Norditaliener an Maradona, Kapitän von Neapel).

Und deswegen gehen die traurigen Ereignisse der italienischen Sonntage genauso weiter wie vorher, schlimmer als vorher.

Während in dem anderen Land, das ein ernstes Problem mit Stadiongewalt hat, eine regelrechte Revolution stattfindet, strukturell wie kulturell, geht bei uns alles so weiter, als wäre nichts gewesen, als ob

47) A.d.Ü.: Also von frei drehenden Zugängen anstelle der modernen Anlagen, die den Zugang erst nach elektronischer Kontrolle der Eintrittskarte erlauben.

48) Die Weltmeisterschaften laufen trotzdem ohne größere Probleme für die öffentliche Sicherheit ab, trotz der Anwesenheit aller gewalttätigsten europäischen Fangruppen und trotz des Halbfinales zwischen England und Deutschland, das ausgerechnet in Turin ausgetragen wird, begleitet von großer Angst vor Racheaktionen der Juventus-Ultras gegen die Engländer.

es das Problem nicht gäbe oder es irgendjemand anderen beträfe. Und weil es eben immer irgendjemanden gibt, dem man die Verantwortung zuschieben kann, lässt sich von 1990 bis 1995 eine Art kollektiver Gewöhnungseffekt beobachten. Die Institutionen sehen darüber hinweg, und die Ultras gehen den Bach runter. Historische Gruppen, die sich auflösen (Brigate Gialloblù, 1991; Fossa dei Grifoni, 1993), politische Unterwanderung, es wimmelt vor unkontrollierbaren Grüppchen. In der Welt der Ultras scheint es in diesen Jahren nichts als die Lust an der Grenzüberschreitung und der Auseinandersetzung zu geben, immer weiter in Richtung Selbstzerstörung, immer weiter in Richtung Abgrund.

Es gibt jeden Sonntag Kämpfe, jeden Sonntag gibt es Verletzte, es gibt jeden Sonntag Niedergestochene, aber das sind keine Skandale mehr. Nicht der Rede wert. Oder, wenn man überhaupt darüber spricht, gelangt das Thema nicht mehr in das öffentliche Interesse. Und trotzdem registriert man in den Jahren 1990-91 und 1991-92 die Spielzeiten mit der absolut höchsten Zahl an Zwischenfällen und der höchsten Zahl an durch Messerstiche Verletzten überhaupt. Die Situation verschlimmert sich immer weiter, aber getreu dem Motto des Films *„Der Hass"* „ist das Problem nicht der Fall, sondern der Aufschlag."

Und dass der Aufschlag kommen würde und dass er nicht weich werden würde, lässt sich deutlich an der Zahl und der Schwere der Zwischenfälle ablesen, die unter anderem immer häufiger die Staatsmacht mit einbeziehen.

Bedeutsam für ein Bild der Situation der absoluten Anarchie, in der sich der italienische Fußball in diesen Jahren bewegt, ist das Derby zwischen Brescia und Atalanta der Saison 1992/93 mit Ultras, die sich zwischen der einen und der anderen Kurve gegenseitig Banner abziehen, den Rest des Stadions terrorisieren und die sich in der Halbzeitpause auf dem Spielfeld jagen und aufeinander losgehen. Von wegen US-Style Unterhaltung und Pom-Pom Girls.

Wieder stehen die *Atalantini*, ebenfalls 1993, im Zentrum eines Ereignisses, das zu einem weiteren „vergessenen Toten“ führt, als während der Polizeiattacken nach einem Spiel Atalanta gegen AS Roma (10. Januar) Celestino Colombi (42 Jahre) an einem Infarkt stirbt.

Zusammenstöße und Spannungen waren beendet. Die *Romanisti* waren schon abgezogen. Der Angriff war völlig sinnlos und Colombi hatte überhaupt nichts damit zu tun. Er war an der Bar. Er war kein Ultrà.

Die Polizei vermeldet, es handelt sich um einen Drogenabhängigen und versucht, die Sache totzuschweigen. Die Zeitungen übernehmen wie immer diese Ansicht und streichen die Nachricht. Aber zum ersten Mal schaffen es die Ultras, eine gemeinsame Antwort zu geben, und die übergroße Mehrheit aller Fangruppen verzichtet in der darauffolgenden Woche auf alle eigenen Banner zugunsten eines einzigen gemeinsamen: „10-1-93. Vor dem Tod sind alle gleich.“ Eine nicht zu unterschätzende Geste, eine Geste, die zuallererst das Bewusstsein in sich trägt, dass man auch eine geeinte Bewegung ist und nicht nur eine Unzahl an Gruppen und Grüppchen, die über die Halbinsel verteilt in ununterbrochene und absurde Rivalitäten miteinander verwickelt ist. Darüber hinaus bezeugt sie die Existenz eines neuen Feindes, der Ordnungskräfte. Wenn man es aufgegriffen hätte, wäre es ein klares und wichtiges Signal gewesen und vielleicht ist es kein Zufall, dass alles seinen Ursprung bei den Atalanta-Fans nahm, eine allseits respektierte Fankurve, historisch „unfehlbar“, was die *mentalità* angeht.[49]

---

49) Und es hätte wirklich schon ein Minimum an Kenntnis der Fanwelt gereicht, um zu erkennen, dass man am 11. November 2007, nach dem Tod Gabriele Sandris durch die Hand eines Polizisten, in Bergamo niemals ein Spiel hätte austragen können, ohne sich dem Risiko härtester Zusammenstöße auszusetzen. Die Tatsache, dass man – wegen des Spielabbruchs – entschieden hat, die Atalanta-Kurve bis zum 31. März 2008 zu schließen, zeigt noch einmal, dass

Aber die Welt der Ultras ist eine doppeldeutige Welt, schizophren, vielschichtig und unvorhersehbar, weil sie in dauerhaften Widersprüchen schon mit sich selbst verstrickt ist, abgesehen vom andauernden Konflikt mit allem, was nicht Ultrà ist. Und so folgt auf einen Zwischenfall wie dem von Colombi, in dem die Welt der Ultras durchaus *auch* Recht hat und auf ihre Weise versucht, ihre eigene Wahrheit zu vermitteln, im Jahr darauf die vielleicht trübste und bedrückendste, auch wenn nicht die tragischste Episode der 40-jährigen Geschichte der Ultras: das Spiel Brescia gegen AS Roma am 20. November 1994.

Was geschah, ist eigentlich ziemlich klar. Das „Warum" schon deutlich weniger. Die Auswärtsfahrt der Romanisti nach Brescia liegt völlig in den Händen der extrem rechts ausgerichteten Gruppe, der „*Opposta Fazione*". Im Olimpico gab es in der Vorwoche schon drohende Spruchbanner, seltsame Nachrichten. Die Polizeigewerkschaft hatte vergeblich eine Spielverlagerung gefordert, wegen der zeitgleich stattfindenden Kommunalwahlen in Brescia.

Den 300 Romanisti, die aus der Hauptstadt mit Reisetaschen voller Waffen im weiteren Sinn aufbrechen, schließen sich weitere – natürlich rechtsextreme – Vertreter anderer Fangruppen an. Nach der Ankunft in Brescia steigen die AS Roma-Fans aus dem Bus und attackieren die Polizeikräfte. Die Zusammenstöße sind äußerst gewalttätig und offensichtlich geplant. Ein Vize-Polizeipräsident, Giovanni Selmin, wird durch einen Messerstich in den Unterbauch schwer verletzt (er überlebt nur um ein Haar, nach einer 6-stündigen Notoperation), ein Polizist wird durch eine Papierbombe verletzt, Dutzende Polizisten tragen leichtere Schlagverletzungen davon. Um das Chaos komplett zu machen, stößt auch noch das berüchtigte „Cavallo pazzo" („verrücktes

---

sich die Taktik immer noch nicht geändert hat: Man greift sich nicht die für kriminelle Handlungen verantwortlichen Personen, sondern die Ultras als solche, und bestraft hart und unterschiedslos eine der repräsentativsten Kurven des gesamten Spektrums.

Pferd“) dazu, ein Romanista, der bereits in der Vergangenheit durch mehrere – immer friedliche – Platzstürmungen sowie Störungen der Sendungen von Pippo Baudo[50] auf sich aufmerksam machte und in der zehnten Minute der ersten Halbzeit trotz bereits bestehenden Stadionverbots erneut das Spielfeld stürmt. Also rasten die Fans aus Brescia nach dem Spiel aus. Ein unglaublicher Nachmittag.

Viele werden festgenommen und vor Gericht gestellt. Einige Bresciani, viele Romanisti, gegen die das Innenministerium als Nebenkläger auftritt. Verschiedene Führer der römischen (und nicht nur dieser) Rechten werden verurteilt.

Und hier wird es wirklich schwierig, bei der Meinung zu bleiben, dass Politik in der Kurve – wie im Falle der Brigate Gialloblù – eigentlich etwas anderes bedeutet. Hier treten Ultras wirklich als hilfreiche Idioten zur Durchsetzung politischer Ziele auf. Denn es kann nur eine Erklärung gelten: Entweder das ganze Theater wurde veranstaltet, um Roma-Präsident Sensi zu „drohen“, der wohl angeblich einen scheinbar zu Zeiten Ciarrapicos bestehenden exklusiven Kontakt zur Curva beendet hatte, oder man wollte, wie es die Zeitschrift *Padania* vermeldete, dem damaligen Innenminister und Lega Nord-Politiker Maroni eine „Nachricht zukommen lassen“ und die Kommunalwahlen in Brescia beeinflussen.

Ein in jedem Fall düsteres und deprimierendes Panorama.

Es sind die schlimmsten Jahre. Irgendetwas Schlimmes lag in der Luft. Irgendetwas Schlimmes sollte passieren.

---

50) A.d.Ü.: Ein bekannter italienischer Fernsehmoderator.

11
„Einer weniger, ihr seid einer weniger“

Tick tick tick tack tick tack tack tick. Ungefähr dieses Geräusch hört man in der ersten Hälfte der 90er Jahre viel zu häufig im Umfeld italienischer Stadien, vor und nach den Spielen. Der Klang weggeworfener Messer, genauer: der *Klingen*, auf die Straße geworfen nach den Auseinandersetzungen, beim Eintreffen der Polizei.

Auch in Genua, an jenem blassblauen Tag Ende Januar 1995, wenige Minuten nach Anpfiff des Spiels Genoa – Milan, hört man unter der dem Fluss Bisagno zugewandten Tribüne das eisige *Tick Tack* der von einer in Richtung Südtribüne fliehenden Gruppe Milan-Ultras auf den Asphalt geworfenen Klingen. Nur dass an diesem Tag auch ein junger Mann auf der Straße liegen bleibt, ein Genoa-Fan, Vincenzo Spagnolo (24 Jahre), erstochen von einem 18-jährigen Milan-Ultrà. Diese Episode, beschrieben von Simone Vincenti, ist ohne Zweifel der wichtigste Moment in der langen Geschichte der italienischen Ultras, wenigstens bis 2007.

Der Mord an Paparelli war ein bedeutendes Ereignis für das Ansehen der Ultras in der öffentlichen Meinung, hatte aber keine wirklichen Auswirkungen auf die Welt der Ultras selbst, vermutlich auch wegen der Tatumstände.

Im Tod Spagnolos hingegen scheinen in tragischer Kombination alle einzelnen Prozesse des Niedergangs der Ultrà-Bewegung zusammenzulaufen, die bereits in den 80er Jahren ihren Ursprung hatten: Die aufgelösten oder in ihrem Inneren zersplitterten historischen Gruppen, die zerrissenen ehemaligen Verbrüderungen, die zwanghafte Suche nach der Auseinandersetzung und der „Aktion“, die Mystik der

Klinge. Und nach dem tragischen Sonntag von Genua gab es einen Augenblick, in dem es schien, als hätten die Ultras ein neues Bewusstsein erlangt und könnten das alles hinter sich lassen. Aber es war eben nur ein Augenblick, und der war schnell wieder vorbei.

Die Fans von Genoa und Milan waren in den frühen 70er Jahren verbrüdert, auch aus Gründen politischer Zugehörigkeit. Im Verlauf (1982) löst sich die Freundschaft auf, sowohl aus rein sportlichen Gründen (ein Genoa – Milan, in dem es um den Verbleib in der Serie A ging) als auch wegen grundlegender Veränderungen der beiden Kurven im Laufe der Jahre. Die Mitglieder waren weitgehend nicht mehr dieselben, und die Voraussetzungen für die Fanfreundschaft waren verschwunden. Es gab das Spiel auf neutralem Platz in Neapel 1993 mit Dutzenden Verletzten und mehreren durch Messerstiche verwundeten Personen.

Und so entscheiden sich die Brigate II – deren charismatischer Chef der berüchtigte „Chirurgo“ war, nie war ein so trauriger Spitznahme passender – das „englische Modell“ der Inter City Firm anzuwenden und sich nicht in dem von den anderen Gruppen der Kurve organisierten Sonderzug nach Genua zu begeben, sondern „in Zivil“, mit einem normalen Intercity und versteckten Schals, um den Polizeikontrollen zu entgehen und „etwas zu drehen“.

Die Gruppe, zu der auch eine Untergruppe aus sehr jungen Mitgliedern – genannt „Gruppo del Barbour“, nach dem in jenen Jahren sehr angesagten Parka – zählt, ist bewaffnet unterwegs. Praktisch alle tragen ein Messer bei sich. Auch wenn es hierfür keine offen ausgesprochene Stellungnahme gibt, hatten sich die Brigate II gerade wegen ihrer ausufernden Gewaltneigung von den Brigate Rossonere abgespalten (oder wurden sie ausgeschlossen?), obwohl diese selbst nicht gerade ein pazifistischer Landjugendverein waren.

Die Brigate II erreichen den Bahnhof von Genova Brignole kurz nach ein Uhr nachmittags und gehen sofort auf Genoa-Fans los, die dort genau auf solche „streunenden Hunde“[51] warten; es gibt eine kurze Schlägerei, dann greift die Polizei ein und stoppt die Genoani und lässt die Milanisti – ohne sich darüber klar zu sein, um wen es sich handelt – abziehen. Die Jungs der Brigate II machen sich auf und erreichen über menschenleere Nebenstraßen ohne weitere Störungen das Stadion. Auf der Höhe der Heimkurve zögern sie für einige Minuten. Keiner der Genoa-Fans, die vor der Kurve auf den Spielbeginn warten, nimmt die Gruppe wahr. Sie sind verborgen durch eine Reihe von Bauten, die für die Weltmeisterschaft ,90 errichtet wurden, das Sichtfeld einschränken und – als Gipfel der Lächerlichkeit – in den folgenden Tagen entfernt werden würden.

Plötzlich lösen sich ein paar der jüngsten Mitglieder der „Barbour“ aus der Gruppe, bewegen sich in Richtung Nordtribüne und beginnen, als sie sich in Hörweite befinden, laut „Wo ist die Fossa?“ zu singen. Gemeint ist die Fossa dei Grifoni. Die Genoani sind völlig überrascht. Die Fossa dei Grifoni hatte sich zwei Jahre vorher aufgelöst, das rotblaue Fanlager durchlebt schwierige Zeiten. An diesem Tag stehen nur wenige vor der Curva, sie zögern, aber mit Sicherheit muss verhindert werden, dass die Milan-Fans ungestört unter die Kurve gehen. Also setzen sich auch die Genoani in Bewegung, sehr entschieden, und nach einer kurzen Auseinandersetzung unter Einsatz von Gürtelschnallen werden die Rivalen zurückgedrängt.

In dem Moment kommt Spagnolo. Er erreicht den Ort des Geschehens aus einer Seitenstraße. Sieht die Szene, sieht die Milan-Fans, die ihm, von der Nordkurve zurückrennend, vor die Füße laufen, in nur

---

51) A.d.Ü.: Als *„Cani sciolti“*, auch der Titel eines hervorragenden Buches von Domenico Mungo zum Thema, werden die nicht in organisierten Bussen oder Sonderzügen zu Auswärtsspielen reisende einzelne Fans und Grüppchen bezeichnet. Cani sciolti reisen individuell und ohne äußere Erkennungsmerkmale, um u.a. Polizeikontrollen zu umgehen und im Kampf den Überraschungseffekt auszunutzen.

wenigen Metern Entfernung, und er rennt ihnen hinterher.

Warum, haben sich viele gefragt? War auch Spagnolo ein Krimineller? Ein Ultrà-Rowdy? Nein. Spagnolo war ganz normal, ein Typ wie viele, ein Fan, ein nie durch Gewalt aufgefallener Ultrà.[52] Einer, der nicht einmal jedes Mal ins Stadion ging und nur selten auf Auswärtsfahrt. Aber unter diesen Umständen ist es für jeden Kurvengänger völlig *normal*, so zu reagieren: die Aufregung, das Adrenalin, die Idee, das eigene Territorium zu verteidigen, die Faszination der Straßenprügelei.

Spagnolo läuft den Milanisti nach, aber nach wenigen Metern stoppen diese, mit Messern in der Hand. Einer der Jungs der „Gruppo del Barbour", eben noch der Letzte auf der Flucht, ist jetzt plötzlich der erste von allen, wenige Meter vor Spagnolo. Er richtet die Klinge auf dessen Gesicht. Warum haut Spagnolo nicht einfach ab, als er das Messer sieht? Sieht er es überhaupt, das Messer? Allen Zeugenaussagen nach ja, er sieht es, aber er entscheidet trotzdem, sich der Auseinandersetzung mit dem Milanista zu stellen. Er schlägt zuerst zu. Der andere reagiert mit einem tödlichen Stich in die Brust.

So endet der erste Akt, mit einem Jungen auf dem Boden, anderen, die flüchten, und drinnen wird währenddessen das Spiel angepfiffen, im ausverkauften Stadion und mit den Milan-Fans, die beim Einzug in die Gästekurve der Genoa-Kurve ein „Einer weniger, ihr seid einer weniger"[53] entgegenbrüllen. Dermaßen geblendet von ihrem grausamen Spiel, dass sie überhaupt nicht merken, dass es diesmal wahr ist. Sie glauben, irgendjemanden „angepiekst" zu haben. Glauben sie. Drei Stiche für die Naht und eine Meldung im Polizeiteil der Tageszeitung. Aber schon bald beginnt sich das Gerücht zu verbreiten, dass etwas

---

52) A.d.Ü.: ...wenn auch ein aus dem linksradikalen Spektrum stammender Skinhead der Hafenstadt, der als „Spagna" in seiner Kurve durchaus nicht unbekannt war.

53) A.d.Ü.: „Uno di meno, voi siete uno di meno"

Ernstes passiert sein soll: ein Schwerverletzter, ein Toter, zwei Tote, drei. Dann, kurz vor der Halbzeit, vermeldet der Reporter von *Tutto il calcio minuto per minuto* im Radio die Nachricht.

Ein Fan von Genoa, vor dem Spiel durch einen Messerstich verletzt, ist tot.

Im Stadion verbreitet sich erst eine bleierne Stille und dann das Chaos.

Das gesamte Stadion schreit den Milan-Fans „Mörder"-Rufe entgegen (zehn Jahre später wird sich dieselbe Szene in Rom wiederholen, wegen eines vermeintlichen Toten und gegen die Polizei gerichtet). Die Genoa-Kurve schleudert alles Verfügbare aufs Spielfeld und verhindert, dass das Spiel nach der Halbzeitpause wieder angepfiffen wird: Torrente, Kapitän der Rot-Blauen, geht unter die Kurve, will wissen, was los ist, man erklärt es ihm, er geht ins Mittelfeld zurück, erzählt es weiter, Beratungen, Nervosität, und dann die Entscheidung. Es wird abgebrochen. Torrente und Baresi – so wie zehn Jahre vorher Scirea und Neal im Heysel-Stadion – gehen in die Sprecherkabine, um einige wenige Worte zu verkünden, mindestens ebenso sinnlos wie gut gemeint. Fazio beendet die Übertragung von *Quelli che il calcio...* und sagt, das hätte nichts mehr mit seinem Job zu tun (noch mehr schöne Worte, diesmal noch scheinheiliger als sinnlos); Mattarese,[54] dem man Scheinheiligkeit nun wirklich nicht vorwerfen kann, sagt, dass der Spielabbruch ein Fehler war.

Währenddessen herrscht im Stadio Ferraris Bürgerkrieg: Hunderte, Tausende Ultras von Genoa versammeln sich unter der Kurve der Milanisti. Man versucht sogar eine aussichtslose Verhandlung mit der

54) A.d.Ü.: Antonio Mattarese war seinerzeit Vorsitzender des Fußballverbandes Federcalcio. 2007 tut er sich nach dem Tod des Polizisten Raciti in Catania und dem darauffolgend erklärten Stopp des Spielbetriebs durch folgendes Zitat hervor: *„Das Spektakel muss weitergehen, es handelt sich um einen der wichtigsten Industriezweige Italiens, eine Industrie, welche die von ihr hervorgerufenen Kosten zahlt. Die Toten des Fußballsystems zählen leider zu dieser grandiosen Einrichtung dazu, das die Ordnungskräfte noch nicht zu kontrollieren in der Lage sind."* Nein, scheinheilig ist das nicht.

Polizei: „Es geht nicht gegen euch: Lasst uns nur für zehn Minuten rein und dann ziehen wir ab." Natürlich lehnt das Sicherheitspersonal ab, und es starten erste äußerst gewaltsame Versuche, den Auswärtssektor zu stürmen. Polizei und Carabinieri leisten Widerstand und warten auf den Befehl für einen harten Gegenangriff, um die Angreifer zu vertreiben, aber der Befehl kommt nicht. Die Genoani setzen ihre Attacken fort und blockieren die Autos und Transporter der Polizei mit Absperrgittern, und nach einigem Hin und Her gelingt es einer etwa 50-köpfigen Gruppe tatsächlich, in die Gästekurve vorzudringen und sich gegen die Plexiglas-Begrenzung zu werfen, die sie vom Sektor der Milan-Fans trennt. Die Trennlinie hält. Zum Glück. Die Genoani werden zwar wieder aus dem Stadion gedrängt, aber da draußen finden sich nunmehr Barrikaden, Feuer, Angriffe und Gegenangriffe. Es betritt Bürgermeister Adriano Sansa die Szene, der noch als Richter die Ausrichtung von Spielen im Stadion untersagte, um sie dann als Bürgermeister jedes Mal problemlos zu autorisieren. Sansa versucht vergeblich, mit dem Megaphon am Mund die tobende Menschenmenge zu beruhigen und zur Auflösung zu bewegen. Aber für Stunden verlässt niemand den Schauplatz.

Die lange Geschichte der italienischen Ultras erreicht ihren negativen Höhepunkt in einem – was den Fußball anbelangt – nie vorher da gewesenen städtischen Guerillakrieg an diesem traurigen Kreuzungspunkt der italienischen Nachkriegsgeschichte, der da immer wieder Genua heißt. Die Mailänder, alle fotografiert und mit aufgenommenen Personalien, verlassen das Stadion erst nach Mitternacht. Zuerst die Frauen und Kinder, erschöpft von Stunden ohne Essen, ohne Trinken, ohne Pissen, umgeben vom Lärm einer Menschenmenge draußen, die sie lynchen will. Ein paar Stunden später, als der 18-Jährige der Gruppe Barbour, der den tödlichen Messerstich angesetzt hatte, zu Hause in Mailand eintrifft, erwarten ihn schon die Carabinieri.

12
„Eine, trotz all ihrer Widersprüche, doch freie und wahre Welt“

Der Tod Spagnolos hat eine enorme Auswirkung auf die öffentliche Meinung. Es ist, da wiederhole ich mich, schwer zu verstehen, warum das Ereignis von Genua das öffentliche Gewissen beschäftigt, die Diskussion anheizt und die Veröffentlichung Tausender sinnfreier Zeitungsartikel bewirkt, während wegen Fonghessi, de Falchi und Filippini praktisch nichts passiert ist. Vielleicht ganz einfach, weil nach Jahrzehnten voller Unfälle, Verletzter und Toter das Maß einfach voll war. Aber wahrscheinlicher, weil die Tragödie des 29. Januar 1995 von Anfang bis Ende „live“ geschieht. Die Nachricht vom Tod während der europaweit zuhörerstärksten Radiosendung, der Spielabbruch, die Unterbrechung des Fernsehprogramms und die dann folgenden Nachrichtenberichte von der Belagerung der Kurve. Unmöglich, so zu tun, als wäre nichts geschehen.

Aber hier geht es nicht so sehr darum, die Dynamiken zu verstehen, die den Informationsfluss in Italien regulieren. Dies ist ein Buch über die Ultras. Und die Antwort der Ultras auf den Nachmittag von Genua ist leider teilweise heuchlerisch, denn niemand hat in jenen Tagen den Mut, offen anzuerkennen, dass die Jungs von den Brigate II – wenn es nicht zufällig einen Toten gegeben hätte – völlig anders angesehen worden wären, und nicht als die „Schändlichen“,[55] wie sie jetzt von den Ultras selbst etikettiert werden.

Denn in Wirklichkeit wird der versteckte Gang unter die gegnerische Kurve schon immer als mutige Aktion gefeiert, auch heute noch, als eine „Aktion“, von der man erzählen kann und deren Echo von einer Kurve zur nächsten durch ganz Italien hallt. Messer oder kein

55) A.d.Ü.: „infami“

Messer. Und hier liegt – und es ist sehr wichtig, darauf noch einmal hinzuweisen – das schwarze Loch der Ultrà-Bewegung, das die vielen Gründe und Rechtfertigungen der Kurven aufsaugt: niemals der Mystik der Gewalt abgeschworen zu haben. Den rein Kriminellen, den Psychopathen, den Idioten nicht das Wasser abgegraben zu haben. Niemals innerhalb der eigenen Strukturen Antikörper gegen Gewalt entwickelt zu haben, niemals offen gesagt zu haben, dass der „ehrliche Kampf" schlichtweg eine undurchführbare Scheiße ist.

Hätte die Welt der Ultras ohne Gewalt oder wenigstens die „Möglichkeit" zur Gewaltanwendung überleben können? Womöglich nicht. Aber das werden wir nie wissen, weil wir es nie versucht haben.

Jenseits der Worte, jenseits der Kommuniqués bedeutet der Tod Spagnolos jedoch ein ungemein wichtiges Zeichen für alle italienischen Ultras jener Jahre. Denn Spagnolo als Toter wird zur perfekten Identifikationsfigur. Viele italienische Ultras erkennen, dass, wenn sie an derselben Stelle und demselben Ort gewesen wären, sie genau dasselbe getan hätten wie Spagnolo. Sie hätten ihre Curva vor den Feinden verteidigt, sie hätten sie verfolgt, vielleicht hätten sie sich nicht von einer Klinge abschrecken lassen und hätten sterben können.

Aber was die Welt der Ultras besonders aufwühlt, was als Magengeschwür bleibt, ist, dass viele sich eingestehen müssen, dass auch sie selbst oder ihre liebsten Freunde nicht nur hätten Opfer gewesen sein können, sondern eben auch Mörder. Gedankenlose 18-Jährige, geil auf Selbstdarstellung, ausgehungert nach Emotion und Adrenalin. Bereit, in Unterzahl unter die Kurve der Gegner zu gehen. Vielleicht bewaffnet. Und dann zuschlagen. Ohne nachzudenken. Und töten. Das hätte vielen passieren können.

Der Tod von Spagnolo unterscheidet sich von allen vorherigen, weil es von Anfang bis Ende ein „Ultrà-Tod" ist. Hier gibt es keine baufälligen Stadien, keine Bullen dazwischen, keine Signalraketen, es gibt keinen

Hinterhalt. Das, was sich an diesem kalten Januarmorgen unterhalb der Nordtribüne des Stadions von Genua abspielt, ist eine reine Ultrà-Tragödie. Natürlich mit Klingen. Aber damals hatten fast alle Klingen dabei. Und alle wussten das.

In der auf den Tod Spagnolos folgenden Woche wird, aus Trauer und Betroffenheit, der Spielbetrieb aller italienischen Meisterschaften aller Sportarten unterbrochen (Warum werden eigentlich auch Tamburello[56] und Leichtathletik suspendiert? Vermutlich, um so zu tun, als wäre der Fußball noch ein Sport wie jeder andere): Die Ultras nehmen das zum Anlass, das erste öffentliche Treffen verschiedener Gruppen zu organisieren (eigentlich fehlen nur die Milanisti, aus verständlichen Gründen). Daraus geht ein Kommuniqué hervor, das den Titel „Schluss mit Klingen, Schluss mit Schandtätern"[57] trägt:

Kommuniqué:

1. Am Sonntag ist Vincenzo Spagnolo, ein Ultrà von Genoa, gestorben. Diese x-te absurde Hinterhältigkeit bewegt uns dazu, hier Stopp zu sagen. Schluss mit denen, die überhaupt keine Ultras sind und die Welt der Ultras nur benutzen, um sich ins Gespräch zu bringen und als die Größten dazustehen, ohne den angerichteten Schaden dabei zu sehen (der in diesem Fall nicht wieder gutzumachen ist). Schluss mit dieser neuen Mode der 20 gegen 2 oder 3, der Molotow-Cocktails oder Messer.
2. Ultrà: Mit Wiederaufnahme des Spielbetriebs erwartet uns erneut eine extrem harte Zeit, die Polizei hat jetzt völlige Handlungsfrei-

56) A.d.Ü.: Eine historische Randsportart („Trommelball"), die in einigen ländlichen Regionen Norditaliens noch praktiziert wird.

57) A.d.Ü.: „basta lame, basta infami"

heit gegen uns. Die einzigen, die das wieder wirklich ausbaden müssen, werden wir sein, die mit diesen niederträchtigen Verhaltensweisen absolut nichts zu tun haben. Wenn Ultrà zu leben wirklich und wahrhaftig ein Lebensstil ist, müssen wir genau jetzt Eier zeigen. Während wir uns sonst weggedreht haben, weil wir dachten, das wären alles Probleme von irgendwem anders, rufen wir jetzt „Es reicht".

3. Es gibt keine Alternative?
   Wir werden Polizisten gegenüberstehen, die nichts lieber sähen, als uns endlich fertig zu machen und diese dreckigen Verräter werden auf nichts und niemanden Rücksicht nehmen und mit ihren feigen Angriffen aus dem Hinterhalt weitermachen, bei denen man nicht einmal mutig sein muss.

Lasst uns zusammenstehen gegen die, welche die Welt der Ultras auslöschen wollen, eine trotz aller ihrer Widersprüche freie und wahrhaftige Welt.

Dieser Text, wie überhaupt das ganze Treffen, werden von den Medien schwer kritisiert, wenn nicht gleich offen verspottet, die jedoch – in ihrer üblichen Oberflächlichkeit – nicht bemerken, dass sich in diesem Kommuniqué der Schlüssel dazu befindet, wie man das Gewaltproblem einmal ernsthaft anzugehen versuchen könnte: die reinen Verbrecher von denen zu unterscheiden, die in erster Linie Fans sind.

Trotz der grundsätzlichen Heuchelei des Textes – es war nicht wirklich ein „Hinterhalt", der Spagnolo das Leben kostete, und niemand, der seine Fußballnachmittage in Kurven verbrachte, konnte ernsthaft behaupten, dass er „absolut nichts zu tun" hätte mit gewissen Verhaltensweisen; zumindest hat man sich durch Schweigen zum Mittäter gemacht – bedeuten sowohl das Treffen wie auch das daraus hervorgegangene *comunicato* einen Schritt nach vorn: Wenn man es richtig liest, scheint die Möglichkeit für eine strukturelle Wandlung der Ultrà-Gruppen durch, die wenigstens teilweise die Absurdität ihres Auftretens zu erkennen beginnen und sich, endlich, die Frage nach dem „Warum" stellen.

Es ist in diesen Tagen und an der von Schals aller Farben bedeckten Mauer vor dem Ferraris-Stadion, als der Prozess beginnt, den wir als „ideologische Verfestigung" der Ultras bezeichnen können, die nun beginnen, sich als das zu fühlen und zu erkennen, was sie vermutlich schon immer gewesen waren: Verschiedene Ausdrucksformen einer gemeinsamen, vom Grunde her antagonistischen Bewegung, die im Fußball (ein hervorragender Katalysator) ihre Bühne findet.

Das Ultrà-Treffen vom 5. Februar hätte eine goldene Chance für diejenigen gewesen sein können, die wirklich daran interessiert waren, die Gewalt in den Stadien einzudämmen. Aber als Bestätigung noch der pessimistischsten Erwartungen, gibt der Tod Spagnolos leider nicht den Startschuss für eine ernsthafte Strategie der Schadensbegrenzung, sondern führt vor allem zu einer satten Verschärfung des Vorgehens der Ordnungskräfte – wie man es im Kommuniqué bereits problemlos vorhergesehen hatte. Während es vorher (und insbesondere in Genua) Experimente mit wirklichen Präventionsstrategien gab, mit Polizisten, die sich auch in der Woche mit Ultras trafen, die versuchten, ein Verhältnis aufzubauen, das sich nicht nur auf den Schlagstockeinsatz im Stadion limitierte, wählt man nun die härteste Gangart. Und was das Schlimmste ist: man generalisiert. Mehr Polizisten im Stadion, mehr Tränengas, mehr Schlagstöcke, mehr Stadionverbote.

Die Ergebnisse dieser Taktiken waren und sind diskutabel. Und es sollten nicht viele Monate vergehen, bis man sich in einer Situation wiederfand, die zwar anders, aber sicherlich nicht besser ist und bis heute andauert: Auch wenn die Ultras nach Genua beginnen, als gemeinsame Bewegung aufzutreten, erscheint diese Geschlossenheit viel mehr aufgesetzt als tatsächlich gelebt. Die absurden Rivalitäten zwischen den einzelnen Gruppen leben weiter, und nach einer gewissen Zeit tauchen auch die Messer wieder auf. Offensichtlich bekommt man es nicht hin, die Anwesenheit von Gewalttätern in Stadien einzugrenzen, und offensichtlich muss jede Generation in den Kurven ihre eigene Scheiße bauen. Dazu kommt, dass die neuen „Strategien" der Repression zu einer weit verbreiteten und immer grausameren Feindseligkeit gegenüber der Polizei, dem Staat und seinen Institutionen führen.

Ein Fiasko also. Auch der von Spagnolo wird ein sinnloser Tod bleiben. Alles wird sinnlos sein, auch der so schöne und so ehrliche letzte Satz des Kommuniqués: „Eine trotz aller ihrer Widersprüche freie und wahrhaftige Welt".

13
Nichts hilft irgendetwas

„Die Polizei hat jetzt völlige Handlungsfreiheit gegen uns", schreiben die Ultras in ihrem aus dem Treffen vom 5. Februar 1995 hervorgegangenen Kommuniqué. Nach dem Tod Spagnolos bleibt überhaupt kein Verhandlungsspielraum mehr, nichts als die Gewalt der blindesten Ultras und die Polizeirepression, zu der sich noch der flächendeckende Einsatz von Stadionverboten[58] gesellt, besser bekannt als „Verwarnung".

Beginnen wir mit dem letzten: Die D.A.SPO. wurde mit einem Gesetz aus dem Jahr 1989 eingeführt, und wie der Name bereits durchblicken lässt, sieht es für den Polizeipräsidenten die Möglichkeit vor, Fans, die sich Gewalttaten zuschulden kommen lassen, für einen Zeitraum zwischen einem und fünf Jahren den Zutritt zum Stadion zu verwehren. Das Gesetz erlebt über die Jahre eine unglaubliche Zahl von Veränderungen und Nachbesserungen, zuletzt nach dem Tod von Raciti.[59] Ohne nun zu sehr ins Detail gehen zu müssen, reicht es schon, die Situation am Beispiel der folgenden Gesetzesänderung zu betrachten, die dem Dekret im August 2001, also im Moment der Gesetzwerdung, hinzugefügt wurde. Unabhängig von der bürokratischen Juristensprache beleuchtet es ganz deutlich den Kern des Problems und den Grund, weshalb das Stadionverbot die Dinge in Italien nur noch verschlimmert hat:

---

58) A.d.Ü.: D.A.SPO. – Divieto di accedere alle manifestazioni sportive, Verbot, Sportveranstaltungen zu besuchen

59) Der Gesetzestext findet sich unter:
http://www.camera.it/parlam/leggi/01377l.htm. Um sich ein Bild von der überaus brillanten Verwirrung, der Oberflächlichkeit, der Improvisation und der Widersprüchlichkeit der verschiedenen Abänderungen des Gesetzestextes zu machen, besuche man: http://www.studiolegalecontucci.it/daspo.html

MODIFIKATIONEN DES GESETZESTEXTS VOM 20. AUGUST 2001, Nr. 336
Zum Artikel 1: Zum Unterpunkt 1, Buchstabe a), Absatz 1, wird nach dem Wort „verurteilt" das folgende eingefügt: „auch ohne abschließendes Urteil während der letzten 5 Jahre."

Da haben wir ihn, den Knoten. „Auch ohne abschließendes Urteil während der letzten 5 Jahre." Dies bedeutet nichts anderes, als dass systematisch Stadionverbote ausgesprochen werden, selbst wenn es keinen diese Maßnahme begründenden Urteilsspruch gibt. Trotzdem muss man, will man gegen ein Stadionverbot vorgehen, mit Hilfe eines Anwalts in Berufung gehen. Man braucht nicht viel Fantasie, um sich vorzustellen, wie viele der von einem unberechtigten Stadionverbot betroffenen Ultras über die notwendige Zeit, Lust und die wirtschaftlichen, kulturellen und sozialen Ressourcen verfügen, eine Berufungsverhandlung durchzustehen, welche ihnen allerhöchstens Recht geben könnte, wenn die Strafe bereits abgelaufen ist.

Fassen wir zusammen: Weil ich, der Staat, also nicht in der Lage bin, diejenigen zu fassen, vor Gericht zu stellen und abzuurteilen, die tatsächlich Gewalttaten verübt haben, erfinde ich mir eine „weiche" Maßnahme, die keine Haftstrafe vorsieht, von keinem Richter ausgesprochen werden muss, und die ich – eben weil sie so „weich" ist – auch einfach mal so verhängen kann. Im Ergebnis haben wir nach Auswärtsfahrten mit Krawallen also eine Polizei, die mehr oder weniger die Regel „Du ja, Du nicht" anwendet.

Versuchen wir zur Erläuterung ein praktisches Beispiel, das der Autor mit eigenen Augen gesehen hat und das mit Sicherheit keinen Einzelfall darstellt: Die Ultras besteigen nach einer schwierigen Auswärtsfahrt den Sonderzug; man sieht einige Heimfans auf dem Bahnsteig. Es fliegen ein paar Steine. Der Einstein der Situation zieht die Notbremse, um auszusteigen und jemandem auf die Fresse zu hauen. Die Polizei findet die gezogene Handbremse und eilt zum Ort des Geschehens. In der Zwischenzeit ist derjenige, der die Handbremse gezogen hatte, natürlich schon lange weg. Die Polizei nimmt die Personalien der sechs oder sieben Fans auf, die sich in der Nähe befinden. Ich denke, ich brauche nicht extra zu sagen, dass die mit der Sache überhaupt nichts zu tun haben und ihre Rechtfertigungen auf taube Ohren stoßen. Es wäre ja auch zu logisch, anzunehmen, dass die Fans, die im Zug blieben, während die anderen ausstiegen, um sich zu prügeln, vielleicht nicht unbedingt die gewalttätigsten sind. Aber die Logik bekommt in dieser Welt keinen Fuß in die Tür, und nicht einmal die Beweise. Es reicht das Wort der Polizei.[60] Alle ein Jahr Stadionverbot. Alle unschuldig. Ergebnis: 6-7 am Tatbestand unschuldige und wahrscheinlich friedliche Fans für ein Jahr aus dem Stadion verbannt. Derjenige, der die Notbremse gezogen hatte, um auszusteigen und sich zu prügeln, darf hingegen weiterhin jeden Sonntag in die Curva, strahlend wie die Sonne.

Und so hat – für den D.A.SPO. wie für viele andere Dinge – die dämliche und wahllose Anwendung eines Gesetzes, das eigentlich gedacht war, Gewalttäter zu isolieren, keinen anderen Effekt, als neuen Hass zu säen, neue Spannungen und neue Märtyrer zu schaffen. Es erscheinen in den Kurven Banner mit der Aufschrift „Ehre den Ausgeschlossenen“ oder „Die Verbannten mit uns“[61] (was ohne Frage auch häufig richtig ist, weil die Einlasskontrollen schon immer lächerlich waren und wer – trotz Stadionverbots – keine Unterschriftspflicht im Polizeipräsidium hat, geht natürlich trotzdem ins Stadion). Und so

60) Bis zum Amato-Dekret aus dem Februar 2007 war wenigstens eine „Anzeige des Delikts“ von Seiten der Ordnungskräfte notwendig (die dann in den meisten Fällen unter den Tisch fiel). Nach den letzten Gesetzesänderungen ist diese nicht einmal mehr notwendig, es reicht ein einfacher Dienstbericht.

61) A.d.Ü.: Das bekannte „Diffidati con noi“

kommt Sonntag für Sonntag ein Ressentiment zum anderen, ein Ärger zum nächsten, und die Vorurteile bestärken einander.

Dies nur zum Verständnis der gesetzgebenden Seite. Nun ist es aber notwendig, das Kapitel zu den Repressionstaktiken „auf dem Platz" zu öffnen und – daraus folgend – zum Verhältnis zwischen Ultras und Staatsmacht. Auch hierfür ist der Tod Spagnolos eine Weggabelung. Einerseits hat die Polizei ab dem Jahr 1995 tatsächlich freie Wahl der Mittel gehabt und die reinen Deeskalationsstrategien zugunsten deutlich eingreifenderer Taktiken aufgegeben. Andererseits hat im Inneren der Polizeikräfte wahrscheinlich ein Generationswechsel stattgefunden, der ganz offensichtlich nicht immer ganz glatt abgelaufen ist. Um deutlicher zu werden: Ende der 80er Jahre und noch in den frühen 90ern wurden zur Stadionsicherheit noch riesige Stiere zwischen 35 und 40 Jahren geschickt, mit Händen groß wie Bratpfannen, mit Schnurrbart, allesamt Giganten. Die machten Angst, flößten Ehrfurcht ein und verschafften sich folglich auf gewisse Art auch einen ganz grundlegenden Respekt. Das waren Leute, die den Eindruck vermittelten, eine ganz andere Schule durchlaufen zu haben – die der Sicherheitsdienste im politischen Straßenkampf, dort wo man sowohl körperlich als auch, wie wir heute sagen würden, „medientechnisch" deutlich mehr riskierte. Das waren Leute, die es schlichtweg gewohnt waren, dass während der Dienstausübung auf sie geschossen wurde, und die Jungs aus den Kurven, auch die bösesten, auch die Psychopathen, auch die mit den Messern, mussten ihnen weniger gefährlich vorkommen als die Autonomen mit den P38-Pistolen auf den Demonstrationen. Diese Polizisten haben einfach nicht den Kopf verloren und machten auch nicht den Eindruck, sich mit den von ihnen zu überwachenden Ultras auf eine Stufe zu stellen.

Ab der zweiten Hälfte der 90er Jahre und in den ersten Jahren des neuen Jahrtausends, sieht man sich plötzlich immer häufiger jungen, viel zu jungen Polizisten gegenüber: hysterisch, andauernd „überdreht", sofort auf schnellen Angriff aus,[62] auf brutale Gewalt, auf Tränengaseinsatz, auf verkehrt herum eingesetzte Schlagstöcke oder die heftige Attacke vieler gegen einen (wobei der eine natürlich auf dem Boden liegt). Der „Persilschein" für den Einsatz gegen Ultras bleibt bestehen, aber die Fähigkeit, ihn auch umzusetzen, offensichtlich nicht. Oder jedenfalls nicht immer. Bin ich jetzt verrückt geworden? Bin ich ein parteiischer Ultrà-Rowdy? Habe ich sowieso und grundsätzlich etwas gegen die Polizei und übersehe deshalb bewusst die Schuld der Ultras? Ja, vermutlich. Aber ich stütze mich auch auf einige Geschehnisse, die nicht viel Raum für Interpretationen lassen und auf Hunderte von Augenzeugenberichten. Es scheint tatsächlich, als wären zu einem bestimmten Zeitpunkt die mobilen Einsatzkommandos auch mit „ins Spiel eingestiegen", indem sie sich mit den Ultras auf deren Spielfeld maßen: Es gibt mehr oder weniger gewalttätige Einsatzkommandos (Florenz, Rom, Neapel) und Kommandos, die sehr lebhafte „Rivalitäten" mit bestimmten Ultrà-Gruppen pflegen. Das ist der Fall – um uns auf die zweite Hälfte der 90er Jahre zu beschränken – für das Einsatzkommando Florenz und die Milanisti, zwischen denen es in jenen Jahren wiederholt schwerste Auseinandersetzungen gab. Insbesondere in Perugia am 23. Mai 1999, als die Einsatzkräfte angeführt wurden von Vincenzo Canterini – der Öffentlichkeit bekannt geworden als einer der „führenden Köpfe" dieses herausragenden Dienstes, den die italienische Polizei der Nation während des G8-Gipfels inGenua in der

---

62) Und genau während eines solchen Angriffs nach Ende eines Treviso – Cagliari Spiels stirbt 1989 Fabio di Maio durch einen Infarkt, 32 Jahre, herzkrank. Viele halten ihn für den ersten Stadiontoten nach Spagnolo. Falsch: Schon 1997 stirbt in Salerno, nach dem Sturz in einen Sicherheitsgraben, der Brescia-Ultrà Roberto Bani.

Diaz-Schule erwies.[63]

Im Folgenden ein Teil der Beschreibung, den die Fossa dei Leoni seinerzeit in ihrem Fanzine veröffentlichte:

> Beim Ausgang entscheiden wir uns, die Polizei-Eskorte zu vermeiden, schon um den Provokationen zu entgehen. Aber die Florenzer „Rambos" auf dem Bahnhof waren der Meinung, dass sie einem unserer Jungs (ohne jeden Grund) eins über den Schädel ziehen müssten, als praktisch alle schon im Zug waren, das alles unter den Augen eines Beamten der DIGOS Mailand, der uns begleitet. An diesem Punkt [...] beginnen die Zusammenstöße in- und außerhalb des Bahnhofs, die völlig „besessenen" Polizisten provozieren durch Gesten und laden uns zur Auseinandersetzung ein. Völlig klar, dass unsere Leute nicht zurückweichen, und der Kampf wird äußerst gewalttätig. Die Polizisten beginnen, die Zugfenster einzuschlagen, und mehrfach steigen sie ein, um auch „Nicht-Ultras" mit dem Schlagstock zu verprügeln. Nicht mehr zu zählen sind die flach in die Menge geschossenen Tränengasgeschosse, viele der Polizisten werfen Steine, andere zielen mit der Pistole auf Mannhöhe (von *Striscia la Notizia* und Telelombardia durch Foto- und Filmaufnahmen dokumentierte Geschehnisse). Zwischen Attacken und Gegenattacken, Steinhageln, von denen einige besonders gewaltsame die Einsatzkommandos zum Rückzug zwingen, dauern die Auseinandersetzungen über eineinhalb Stunden an, bis wir wieder den Zug besteigen, um abzufahren. An diesem Punkt eine weitere grundlose Strafaktion: Die Einsatzkräfte besteigen den Zug und beginnen,

---

63) A.d.Ü.: Francesini ist hier ironisch. Der brutale Einsatz gegen vermutete Autonome in der Diaz-Schule gerät zum internationalen Super-GAU, in dem sich die italienische Polizei für ihr Vorgehen wiederholt und völlig berechtigt mit den Knüppeltruppen faschistischer Kleinstaaten vergleichen lassen musste.

alles kurz und klein zu schlagen und jeden mit einer unerhörten Gewalt mit Schlagstöcken zu traktieren. Währen der Fahrt erfahren wir, dass zwei von uns festgenommen wurden, von denen einer auf der Wache zusammengeschlagen wurde und mehrere Knochenbrüche davontrug. Bilanz: viele Verletzte unter den Unseren (einer hat durch eine im Zug abgefeuerte Tränengasgranate ein Auge verloren!!!), viele Verletzte auch unter den Polizisten, der Zug praktisch völlig zerstört, zum größten Teil durch die Ordnungskräfte selbst [...]. Jeder weitere Kommentar scheint überflüssig. In den darauffolgenden Tagen haben lediglich zwei Journalisten über die Ereignisse berichtet, der größte Teil der Massenmedien hat nichts weiter getan, als uns als „Besoffene, Vandalen" zu bezeichnen. Wir wissen, dass es zu den Geschehnissen eine parlamentarische Anfrage gegeben hat, aber wir bezweifeln, dass die an jenen Einsätzen Schuldigen dafür bezahlen müssen [...].

Natürlich handelt es sich dabei um einen voreingenommenen Augenzeugenbericht, und als solcher wird er auch bewertet. Aber der Junge, der sein Auge verloren hat, hat dies eben auch wirklich verloren (im selben Fanzine wird auch sein Bericht veröffentlicht), und derartige Ereignisse gab es genügend und es sollten auch noch genügend weitere folgen.

Aber hiervon spricht in Italien niemand. Darüber kann und darf man augenscheinlich nicht sprechen. Die Journaille macht nur ihren Job, der darin besteht, möglichst viele Exemplare ihrer Postillen zu verkaufen und dabei möglichst wenige Machtzentren zu stören. Und die Polizei ist unantastbar. Außerdem sprechen wir über ein Land, dem es gelungen ist, selbst angesichts der völlig unglaublichen Ereignisse während des G8-Gipfels weiter so zu tun, als wäre überhaupt nichts passiert – selbstverständlich haben die Klagen der Ultras vor diesem Hintergrund überhaupt keine Chance auf Wahrnehmung.

Die Welt der Kurven sieht sich nach dem Tod Spagnolos zerrieben zwischen der polizeilichen Repression auf der einen Seite und blinder und gedankenloser Gewalt auf der anderen, die sich innerhalb der Curva auch weiterhin großer Beliebtheit erfreut. Auch weil niemand aus dem Umfeld der Ultras selbst es schafft, das Problem ernsthaft anzugehen. Niemand schafft es, die Gewalttätigen zu isolieren und auszugrenzen. Aber weil es wegen der fortschreitenden Militarisierung der Stadien im Laufe der Zeit immer schwieriger wird, die direkte Auseinandersetzung mit den gegnerischen Fans zu suchen, stehen die Ultras nun immer öfter direkt der Polizei als Gegner gegenüber. Und alles, falls das überhaupt noch möglich ist, nimmt eine Wendung zum Schlechteren.

Man muss trotzdem klar und deutlich sagen, dass, wenigstens bis in die letzten Jahre, die Gewalt der Ultras – ganz unabhängig von deren Verhältnis zur Polizei – weiterhin *das* Problem bleibt. Schon bald sind die guten Vorsätze von Genua vergessen. Schon bald werden die Kämpfe wieder aufgenommen. Schon bald tauchen die Messer wieder auf. Schon bald leben die Irrwitzigkeiten auf Auswärtsfahrt wieder auf. Und so sterben auch genau auf der Rückkehr von einer solchen furchtbaren Auswärtsfahrt vier Jungs aus Salerno, am Morgen des 24. Mai 1999, bei lebendigem Leibe verbrannt.

Während sich die Milanisti im Perugia, vielleicht nicht wirklich allein dafür verantwortlich, mit der Staatsmacht messen, wird in Piacenza das Spiel Piacenza – Salernitana abgepfiffen. Die Salernitana hat nur ein Unentschieden erreicht, steigt in die Serie B ab und Tausende von Ultras aus Kampanien, die in der Hoffnung auf eine Rettung in letzter Sekunde ganz Italien durchquert hatten, bevölkern enttäuscht und gefährlich den Bahnhof von Piacenza in Erwartung eines Zuges, der sie wieder zurückbringt. Am Ende findet sich der Zug.

Und dies sind schon immer die kritischsten Momente. Die Enttäuschung, die unglaubliche Müdigkeit nach einem Marathon durch ganz Italien, Drogen und Alkohol sind das Benzin für die Motoren der Gewalttäter, Straftäter und Vollidioten, die es in diesen Momenten oft genug schaffen, auch die anderen in einen Abgrund krimineller Stumpfsinnigkeit mit hinabzuziehen.

Die Heimfahrt der Salernitani gerät schon bald in eine Abwärtsspirale aus Dummheit, Grausamkeit und Niedertracht. Im wahrsten Sinne des Wortes eine Reise in den Abgrund ohne Bremsen. Überall Beleidigungen, Verwüstungen, Sachschäden. Ein völlig durchgedrehter Zug, der da die Halbinsel herunter fährt; von allen vermieden und weiter gejagt. In jedem Bahnhof besteht das Ziel nur darin, diese Verrückten möglichst schnell wieder loszuwerden. Auf dass die Scheiße dann an irgendjemand anderem hängen bleibt.

Er ist lang, er ist schmerzhaft, aber dieser Bericht in Bezug auf die Reise der Salernitani, den der Staatssekretär des Innenministeriums Sinisi am 1. Juni 1999 dem Parlament vorträgt, verdient es, auch in dieser Länge zitiert zu werden:

> Die Fahrt des Zuges [...] verzeichnete eine ununterbrochene Abfolge von Zwischenfällen; sowohl bereits kurz nach der Abfahrt vom Bahnhof Piacenza mit dem Werfen von Steinen und anderen Gegenständen, als auch während der Fahrt und der Zwischenhalts auf den Unterwegsbahnhöfen. Bei Ankunft des Zugs auf dem Bahnhof von Bologna gegen 21.15 Uhr am 23. Mai [...] versorgen sich die Reisenden mit Speisen und Getränken und um eine problemlose Weiterfahrt zu ermöglichen wurden sie wieder zu den Waggons geleitet. Bei Abfahrt des Zuges, um 22.10 Uhr, begannen viele Fans, Gegenstände, Flaschen, Steine und einige der Zug-Feuerlöscher aus den Fenstern zu werfen und damit zahlreiche Sachschäden zu verursachen [...]. Schutz- und Wachdienste wurden daraufhin an

die fahrplanmäßig folgenden Bahnhöfe gerufen; nach Prato, Florenz Campo di Marte, Rom Tiburtina, Neapel Campi Flegrei und Neapel Piazza Garibaldi, aber auch nach Torre Annunziata, Nocera Inferiore und, natürlich, nach Salerno. Auf allen Zwischenstationen wurden die Ordnungskräfte durch das Werfen von Gegenständen und aus dem Zug gerissenen Einrichtungsbestandteilen in ernste Zwischenfälle verwickelt. Auf den Bahnhöfen von Bologna, Rom und Nocera Inferiore war die Ordnungsmacht darüber hinaus gefordert, um die Gewalt einzudämmen und die Weiterfahrt sicherzustellen. Auf der Fahrt wurden zudem zwischen den Bahnhöfen von Piacenza und Bologna weitere Zwischenfälle gemeldet, als Steine und Gegenstände auf in Gegenrichtung fahrende Züge geworfen wurden: In Grizzana, Provinz Bergamo, durchschlug ein aus dem Sonderzug geschleuderter Feuerlöscher die Windschutzscheibe der Fahrerkabine eines in Gegenrichtung befindlichen Zuges (EM 234 nach Wien); hinter dem Bahnhof von Torre Annunziata mussten die Fahrgäste des Zuges Battipaglia-Neapel aussteigen und ihre Fahrt mit einem anderen Zug fortsetzen, weil dieser durch das Werfen verschiedener Objekte aus dem Sonderzug heraus schwer beschädigt wurde; in Nocera Inferiore wurde die Notbremse betätigt. Auf dem Bahnhof von Nocera Inferiore – ich beziehe mich nur auf einen der schwerwiegendsten Zwischenfälle – wurde durch das vor dem Eintreffen im Bahnhof mutwillige Betätigen der Notbremse ein Halt zur Rücksetzung der derselben notwendig, während dessen ein Großteil der Fans aus dem Zug ausstieg. Viele von ihnen hinderten durch das Werfen von herausgerissenem Zugmobiliar auf die Gleise einen anderen Zug an der Weiterfahrt. Andere verließen das Bahnhofsgebäude und beschädigten parkende Kraftfahrzeuge und Gebäude im Umfeld. Im Rahmen der Ausschreitungen wurde auch ein Mädchen verletzt, das Prellungen davontrug, deren Heilung mindestens zehn Tage in Anspruch nehmen wird. Nachdem die Fans auch unter dem Einsatz von zu Hilfe gerufenen Beamten der Staatspolizei und der Carabinieri nur mit Mühe wieder in den Zug gebracht wurden und das Notbremssystem wieder einsatzfähig gemacht wurde, setzte sich der Zug am 24. Mai um 8.15 Uhr wieder in Bewegung. Kurz vor Salerno, am Eingang zum Tunnel Santa Lucia, wurde erneut der Nothalt betätigt. An diesem Punkt, ca. 700 m vor dem Tunnelausgang, bemerkte das Zugpersonal aus dem 5. Waggon lodernde Flammen.

Das, was da am Morgen des 24. Mai in den Tunnel Santa Lucia vor den Toren von Salerno einfährt, ist kein Zug mehr, sondern eine klappernde Karkasse. Hier denkt offensichtlich jemand daran, die Reise mit einem großen Knall zu beenden. Jemand, der will, dass der Zug in Flammen in Salerno eintrifft. Spektakulär. Also legt er in einem Abteil ein Feuer, während der Zug durch den Tunnel fährt. Sofort breitet sich das Feuer aus. Rauch durchzieht den gesamten Zug. Vier Menschen sterben: Simone Vitale, 21 Jahre (stirbt in den Flammen, nachdem er heldenhaft zwei Jungs das Leben gerettet hatte); Giuseppe Diodato, 23 Jahre; Vincenzo Lioi, 15 Jahre; Ciro Alfieri, 15 Jahre.

Spagnolo ist umsonst gestorben. Wenn es überhaupt einen Sinn hat, das Unausstehliche noch zu klassifizieren, bedeutet der Vorfall von Salerno vielleicht das schlimmste Kapitel in der 40 Jahre dauernden Geschichte der Ultras. In einem Umfeld wie diesem ist klar, dass du entweder aufgibst oder noch härter wirst. Die Ultras haben nicht aufgegeben. Das meine ich ohne die kleinste Genugtuung, ohne die geringste Anteilnahme. Am sinnvollsten wäre gewesen, nach Genua (es scheint ein italienisches Schicksal: hier heißt es am Ende immer „nach Genua“) die Zelte abzubrechen, die Banner einzuholen, die Fahnen einzurollen und die Sache für beendet zu erklären. Das hätte ein tragisches Ende bedeutet, aber es wäre auf eine gewisse Weise nobel und auf eine gewisse Weise kohärent gewesen. Stattdessen.

14

Internet, moderner Fußball, Pay-TV, die Blauen

Nicht nur Gewalt, Rowdytum und Repression bestimmen die italienische Ultrà-Szene um das Jahr 2000 herum.

In jenen Jahren beginnt in den eigenen Reihen, sich der Gebrauch des Internets zu verbreiten, und außerhalb fasst der sogenannte „moderne Fußball“ [64] immer weiter Fuß.

Als die Jugendbewegung schlechthin bemächtigen sich die Ultras schnell der neuen Technologien und insbesondere des Internets. Bereits Mitte der 90er Jahre entstehen die ersten Ultrà-Websites, und aus den ersten Homepages einzelner Gruppen mit der eigenen Geschichte und ein paar unscharfen Bildern wird sehr schnell eine unkontrollierte und äußerst gemischte Unzahl an Seiten, technologisch ganz weit vorn. Seiten der Gruppen selbst oder allgemeine Websites, die einer bestimmten Tifoseria gewidmet sind,[65] Messageboards, Foren und Chats. Millionen von hochauflösenden Fotos von Choreografien, Auswärtsfahrten, Spruchbannern, Zusammenstößen, dazu noch Videos, mp3s von Gesängen, Fanzines im PDF-Format: Die italienischen Ultras, unter denen gedruckte Fanzines angelsächsischer Tradition nie für großes Interesse sorgten, finden im Internet das erste und einzige Instrument, sich gemeinsam darzustellen und eine wirkliche kollektive Identität hervorzubringen.

---

64) A.d.Ü.: „calcio moderno“

65) Von diesen ist nach meiner Meinung das bereits mehrfach zitierte www.asromaultras.it die weltbeste Seite zum Thema Ultras. Seit April 1999 online, außerordentlich inhaltsreich und aktuell, stellt die Seite ein wirkliches und wahrhaftiges Online-Denkmal für die Südkurve des Olympiastadions dar, ist aber dank des Talents und der Leidenschaft des Webmasters (Lorenzo) im Laufe der Jahre zum Bezugspunkt und zur Informationsquelle für Ultras aus allen italienischen Kurven geworden und zur Gegenöffentlichkeit für alle diejenigen – Ultras oder nicht – die sich nicht auf die ministeriellen Presseerklärungen beschränken wollen,
die in Rundfunk und Fernsehen verlesen werden.

Allerdings muss man wissen, wie man diese Ultrà-Websites nehmen muss. Man muss versuchen zu verstehen, wer schreibt und warum. Und es tut mir leid, aber ich muss an dieser Stelle anmerken, dass auch Antonio Roversi, der in diesem Buch bereits als der italienische Soziologe zitiert wurde, der die Welt der Ultras (wenigstens die der 70er und 80er Jahre) noch am besten interpretiert hat, diese Frage nur oberflächlich betrachtet.[66] Selbstverständlich sind Ultrà-Websites der bevorzugte Platz, um die Mystik der Auseinandersetzung und der Gewalt zu feiern, durch mehr oder weniger fantasievolle Dokumentationen und Erzählungen der Heldentaten. Sie sind auch ein optimaler Platz für „politische" Bekehrungsversuche, vielleicht nur durch die Verwendung einer bestimmten Symbolik. Aber es ist für denjenigen, der diese Welt kennt, auch offensichtlich, dass das Web für die italienischen Ultras vor allem anderen das Instrument der Wahl war und ist, um sich darzustellen und vor den anderen zu präsentieren. Man weiß, wo man suchen muss. Es ist völlig klar, dass man auf den Messageboards von tifo-net.it lange Threads voller vulgärer und rassistischer Beleidigungen findet. Es sollte aber auch genauso klar sein – jedenfalls, wenn man Zeit und Willen hat, sich näher zu beschäftigen – dass tifo-net.it auf keine Weise die Welt der italienischen Ultras repräsentiert. Diejenigen, welche auf dieser oder vergleichbaren Websites schreiben, sind in den meisten Fällen *keine Ultras*. Das sind Jugendliche mit einer Tastatur und ADSL. Frustrierte Heranwachsende, die vielleicht ab und zu einmal ins Stadion gehen. Vielleicht.

---

66) Ich meine das Kapitel „Der Support im Web. Die Homepages der Ultrà-Gruppen" aus A. Roversi, L'odio in Rete. Siti ultras, nazifascismo online, jihad elettronica, Il Mulino, Bologna 2006. Um nur ein Beispiel zu nennen, definiert Roversi asromaultras.it als die Seite „der Ultras des AS Roma", wo doch schon auf der Startseite der folgende Satz deutlich sichtbar zu lesen steht: „Dies ist NICHT die offizielle Seite irgendeiner Gruppe der Curva Sud, sondern eine seit April 1999 im Netz stehende persönliche Seite, die vom AS Roma und seinen Fans handelt." Es ist wie sonst auch immer: Die Realität hat sich unseren voreingenommenen
Kategorien zu beugen. In jedem Fall aber findet sich der beste Verriss des Roversi-Buches genau auf jener Website.

Aber in den Foren oder auf einigen Seiten, die sich im Lauf der Jahre unter den Ultras oder anderen am Thema Interessierten ein gewisses Ansehen erworben haben, konnten sich die wirklichen Kurvengänger treffen, wiederfinden, studieren und auf irgendeine verschrobene Weise sogar miteinander reden und darüber untereinander wichtige Themen austauschen (außer über Rivalitäten, Zusammenstöße und *mentalità* auch über Polizei, Repression, modernen Fußball und Stadionverbote). Was Roversi nicht zu verstehen scheint, ist, dass sich in den letzten zehn Jahren das Bewusstsein der Ultras, eine gemeinsame und „politische“ Bewegung zu sein, deutlich verstärkt hat. Und das Internet hat eine bedeutende Rolle für diese Entwicklung gespielt – und zwar ganz abgesehen von den prähistorischen Schemata von rechts/links und rot/schwarz.

Die Ultras verändern sich also um das Jahr 2000 herum erneut. Aber währenddessen verändert sich – und wie – auch der Fußball: Immer weniger Leidenschaft und immer mehr Business, immer weniger Sport und immer mehr Marketing, immer weniger Anstrengung und Schweiß der Fans und immer mehr salonmäßige Gelassenheit der Restzuschauer. Immer weniger real, immer mehr Reality. Das Fernsehen hat sich den Fußball, den Support, das Herz geschnappt und frisst sie auf.

Die Tatsache, dass man sich in Italien – im Gegensatz zu dem, was in England passiert ist – historisch immer auf den Gewinn konzentriert, ohne über notwendige Ausgaben nachzudenken, limitiert auf absolut keine Weise die Auswirkungen, die diese neue Dimension auf die Art und Weise hat, wie Fans und insbesondere Ultras den Fußball leben.

Wahrscheinlich konnte sich 1993, als die ersten Abendspiele im ersten fußballbezogenen Pay-TV, Telepiù, übertragen wurden, noch niemand vorstellen, dass nach diesem Moment kein einziges Mailänder

Derby mehr an einem Nachmittag stattfinden sollte. Oder dass mit der Verschiebung der Spiele der Serie B auf den Samstag der heilige italienische Fußballsonntag geopfert werden sollte (dazu, wenigstens bis 2007, noch ein vorgezogenes Spiel am Freitagabend und ein Nachläufer am Montagabend, der natürlich für Leute, die arbeiten, ganz besonders bequem ist). Und auch für die Serie A würde der mythische „Spezzatino“ kommen, der zerhackte Spieltag, mit Spielen am Samstagnachmittag, am Samstagabend, freitags, montags, mit Spielen unter der Woche bis hin zum Elend des Frühjahrs 2007 mit seinen an Werktagen nachmittags um 15.00 Uhr angesetzten Spielen (und früher oder später wird sich sicherlich auch das Banner jenes Juventus-Fans bewahrheiten: „Nächste Folge Donnerstag früh“).

Und vielleicht hatte sich niemand vorgestellt, dass man schon bald die Möglichkeit haben würde, sich jedes Spiel der Serie A und B live im Fernsehen anzuschauen, am PC, auf dem Handy, selbstverständlich gegen Bezahlung, wenn auch zu kleinen Preisen. Für ein Kurventicket zahlt man mindestens 15 Euro, das Fünffache dessen, was das Spiel im Fernsehen kosten würde. Dies war ein ganz entscheidender Schritt hinein in die Krise des italienischen Fußballs und hin zu einer noch weiteren Radikalisierung der Fans. Denn es ist wohl wahr, dass die Fernsehrechte den Vereinen eine Menge Geld in die Taschen spülten (auch wenn die Gelder schnell wieder verbrannt waren), aber es ist auch offensichtlich, dass, wenn du den Leuten die Gelegenheit gibst, sich das Ereignis zu einem sehr geringen Preis bequem von zu Hause aus zu genießen, trotzdem ein harter Kern leidenschaftlicher Fans übrig bleibt, die das Spektakel trotzdem weiter live im Stadion verfolgen wollen. Und deshalb muss man Sorge tragen, die Stadien in einen Zustand zu versetzen, der sie für das große Publikum eben trotzdem weiter attraktiv macht. Aber genau das ist, wie man weiß, nicht passiert: Trotz immer baufälligerer und gefährlicherer Bauten wurden die Eintrittspreise immer weiter erhöht, die „safe-and-trendy“-Stadien wurden in Italien nie gesehen, und die viel beschworenen Familien machen weiterhin einen großen Bogen um die Sportstätten. Also besuchten, wie es schon vor ein paar Jahren Maurizio Crosetti beschrieb, immer weniger „normale“ Leute die Fußballstadien, und das Publikum teilte sich auf: In die VIPs und Logenplätze auf der einen Seite und die Ultras auf der anderen, die sich immer mehr als Hüter der Werte des alten, volkstümlichen und wahren Fußballs begreifen, der langsam zu verschwinden droht.

Denn es geht nicht allein um Pay-TV: Es gibt das überbordende Geschäft mit Merchandising, das uns personalisierte Trikots mit völlig sinnfreien Rückennummern[67] beschert. Es gibt den übermäßigen Einsatz ausländischer Spieler im Gefolge des Bosman-Urteils, der dazu führt, dass in der italienischen Meisterschaft Mannschaften spielen, bei denen Italiener in der Minderheit sind oder in der Startelf überhaupt nicht erst auftauchen. Es gibt Präsidenten, denen gleich mehrere Teams gehören, und Spieler, die während der Saison den Verein wechseln. Es gibt börsennotierte Vereine ohne jegliches „solides“ finanzielles Fundament, mit all den verheerenden und schizophrenen Auswirkungen, die wir kennen. Es gibt frisierte Bilanzen, Bürgschaften, fingierte „Wertzuwächse“, absurde Tauschgeschäfte von Vereinen, die sich in den Büchern grotesk überbewertete Spieler hin- und herschieben, um die jeweilige Abschlussbilanz zu vernebeln. Es gibt die Champions League, welche den alten und geliebten Cup der Landesmeister ablöste und sich in eine Art europäische „Supermeisterschaft“ verwandelte. Es gibt Doping. Und das alles in einem Umfeld, dem italienischen, das sowieso schon immer von Skandalen und Skandälchen getrieben wird: Von falschen Pässen, um ausländische Spieler verpflichten zu können,

67) Diese Neuerung hat zumindest eine positive Seite: die Möglichkeit, die Nummer eines legendären Spielers nicht mehr zu vergeben, wie es der AC Milan mit der „6“ von Franco Baresi getan hat oder Napoli mit Maradonas „10“.

bis hin zu Rolex-Uhren für die Schiedsrichter oder zur Farce des Verantwortlichen für die Schiedsrichter-Einteilungen. Alles Zweige eines einzigen kranken Baumes, dessen faule Früchte wir im Sommer 2006 ernten konnten.[68]

In jedem Falle ein befremdliches und entmutigendes Panorama, das sich da auftut und gegen das niemand einschreitet, bis die von der Staatsanwaltschaft abgehörten Telefonate den „Calciopoli"-Skandal einläuteten, der aber auch nicht den erhofften Umbruch bringen sollte.

Und trotzdem scheint es, als wären in all diesen Jahren die Ultras das einzige Problem des italienischen Fußballs gewesen. Wie Nick Hornby es in *Fever Pitch* als einer der Ersten schrieb, wollten die Fußballvereine sie nicht mehr. Aber anders als in England, wo die Clubs aus eigener Tasche dafür bezahlten, die unbequemen Fans loszuwerden, wird das Problem in Italien an den Staat delegiert, also an Polizei und Carabinieri: die „Blauen", wie sie nun von den Ultras genannt werden, ein Spitzname, der endgültig deutlich macht, dass die Ordnungshüter nicht mehr als „drittes" Element wahrgenommen werden, sondern direkt als rivalisierende Gruppe, mit der man sich gewaltsam auseinanderzusetzen hat.

Und nun, den zeitlichen Faden wieder aufgreifend, muss man von einem weiteren *annus horribilis* berichten, dem Jahr 2001: Die Saison 2000/2001 war charakterisiert von der sportlichen Dominanz des AS Roma, und dieser Umstand führte alle zwei Wochen zu massenhaften Fahrten rot-gelber Fans durchs Land und zu daraus folgenden enormen Problemen bei der Sicherstellung der öffentlichen Ordnung. Im Unterschied zu anderen Fangruppen wie Juventus oder Napoli, die sich in vergleichbarer Zahl auf Auswärtsfahrt begeben, aber Unterstützer aus

---

68) Und hier haben die Ultras ein leichtes Spiel, als sie in den Zeitungen die Mitschnitte der grausigen Telefonate der Oberen des italienischen Fußballs lesen konnten und mit einem „Das Verkommene seid ihr!" antworteten.

ganz Italien mobilisieren, sind der größte Teil der Tifosi des AS Roma aus der Hauptstadt selbst. Der Support der „Roma" in jener Saison ist eine Armee, die sich in Marsch setzt, und in der Karawane fand sich wirklich alles: Ganz normale Leute, Ultras, Berufskriminelle. Folglich ereignen sich 2001 bei vielen Auswärtsspielen der von Capello geführten Mannschaft zahlreiche auch schwerste Zwischenfälle: In Mailand schießt die Polizei Tränengasgranaten aus dem zweiten Oberring in den ersten (es gibt Fotos, die das belegen), wo die Romanisti sich drängen; in Perugia, wo die Gelb-Roten – viel zu viele ohne Eintrittskarte – den Sektor der Heimfans stürmen; in Neapel am vorletzten Spieltag gibt es gewalttätige Ausschreitungen mit den Neapolitanern, die in einem unglaublichen Angriff auf einen Notarztwagen ihren Höhepunkt finden. Die Institutionen des Fußballsystems stecken wie immer den Kopf in den Sand: Niemand wagt es, einzuschreiten, niemand wagt es, Maßnahmen zu ergreifen. Man redet über Schiedsrichter, über ausländische Spieler, über unbedeutenden Scheiß. Aber über das, was da jeden Sonntag abläuft, über die bestehenden Risiken, spricht niemand. Der AS Roma bereitet sich im Jubiläumsjahr auf die dritte Meisterschaft vor. Und es handelt sich um ein Team mit einigem politischen Gewicht. Deshalb wird das gigantische Sicherheitsproblem, das die sportliche Situation nach sich zieht, nicht an der Ursache und strukturell angegangen, sondern nur den Mitteln der Repression auf der Straße überlassen. Polizei gegen Fans.

Das schwerwiegendste und wichtigste Ereignis findet am 11. Februar 2001 in Bologna statt: Ungefähr 15.000 Romanisti sind angereist. Man weiß das zwar bereits Tage vorher, trotzdem ist man der Meinung, man könne die alle durch nur einen einzigen Eingang ins Stadion bringen. Die Fans stauen sich vor dem Eingang, und selbstverständlich kommt es zu Krawallen.[69] Die Polizei – die sich eingezwängt

69) Wiederholen wir es also noch einmal: Es ist völlig klar, dass diese Art Zwischenfälle fast immer „Schuld" der Fans

sieht zwischen den Fans, die bereits reingekommen sind und denen, die von außen immer gefährlicher auf Einlass in die Tribünen drängen – attackiert die Romanisti auf den Stufen des Stadionvorplatzes, bereits hinter den Einlasstoren. Unter ihnen befindet sich Alessandro Spoletini, 32 Jahre, der während des Angriffs zu Boden geht, mit dem Kopf aufschlägt und ins Koma fällt. Nach Aussagen der Roma-Fans war es ein Polizist mit Bärtchen und besessenem Gesichtsausdruck, der ihn erst mit dem Schlagstock erwischte und dann zu Boden schubste. Für die Polizei ist Spoletini von allein hingefallen, nachdem er – ohne Karte – den Zaun überstiegen hatte. Allerdings findet man in seiner Tasche die Eintrittskarte.

In den darauffolgenden Tagen schaffen es die AS Roma-Ultras, sich Gehör zu verschaffen, zu protestieren und ein paar Zeitungen dazu zu bringen, über die Geschehnisse vor der Curva San Luca des Dall'Ara-Stadions zu berichten. Auf der anderen Seite verteidigt Il *Resto del Carlino*[70] mit voller Kraft die Vorgehensweise des Mobilen Einsatzkommandos VII aus Bologna und übergeht absolut alle der von den Fans präsentierten eindeutigen und unmissverständlichen Beweise. Am folgenden Mittwoch findet im Olympiastadion das UEFA-Cup-Spiel AS Roma gegen Liverpool statt, und die Polizei wird von den Romanisti mit „Mörder"-Rufen begleitet. Die Zusammenstöße sind äußerst gewalttätig.

Es sind schreckliche Tage, während derer die offiziellen italienischen Informationsquellen wie immer versuchen, zu überspielen, zu verschweigen, auszulassen. Aber am Montag, dem 19. Februar, passiert – endlich – etwas Neues, Unerwartetes und Positives: 300 Polizisten

---

ist, es ist aber mindestens ebenso klar, dass das alles dermaßen vorhersehbar ist, dass man entweder glauben muss, die für die öffentliche Sicherheit Zuständigen würden vorsätzlich handeln, oder aber – noch schlimmer – vollkommen inkompetent sind.

70) A.d.Ü.: Eine der ältesten noch bestehenden italienischen Tageszeitungen, Hausblatt der Region Bologna.

der Abteilung Bologna schreiben unter dem ausdrücklichen Hinweis, dass es sich nicht um eine offizielle Verlautbarung handelt, einen offenen Brief, der von der Zeitung *Il Resto del Carlino* veröffentlicht wird. In diesem Brief beschuldigen sie die römischen Fans, die Unruhen selbst provoziert zu haben, und bleiben bei ihrer Meinung, Spoletinis Verletzung sei eine „zufällige“ Unfallfolge. Aber – unglaublicherweise – beklagen sie auch die Tatsache, dass der für die Stadionsicherheit eingeteilte Dienst eklatant unausreichend, improvisiert und für alle Beteiligten gefährlich gewesen war.[71]

Das scheint wenig und ist doch wichtig, jedenfalls könnte es potentiell wichtig sein: Die verschiedenen Positionen sind weiterhin deutlich voneinander entfernt, die Fronten sind weiterhin verhärtet, aber wenigstens handelt es sich um einen Versuch, sich mit dem Problem auseinanderzusetzen, eine Diskussion zu führen. So wie es auch einige Romanisti versuchen, die auf den Brief der Polizisten antworten und versuchen, ihre eigene Meinung darzustellen und selbst ein paar gut gemeinte Lösungen vorzuschlagen – darunter die im letzten Jahrzehnt mehrfach von verschiedenen Seiten geforderte, an den Uniformen der Ordnungshüter den Namen oder eine identifizierbare Nummer anzubringen. Es hätte ein kleiner Hoffnungsschimmer für Zivilisation und Demokratie sein können, aber natürlich wird dieser Lichtblick sofort abgedeckt, und das bisschen Hoffnungsschimmer verschwindet. Am 6. März erwacht Spoletini aus dem Koma. Ein Polizist wird in die Liste der Verdächtigen aufgenommen, weil er ihm vielleicht „ein Bein gestellt“ haben könnte, und dann freigesprochen.

Es handelt sich um nur eine der unzähligen vertanen Chancen, das Problem der öffentlichen Ordnung in Italien anzusprechen, nicht nur

71) „...es gab keine präzisen Einsatzbefehle, die Anweisungen überschneiden einander in einer insgesamt von Panik geprägten Situation und fördern so die weitere Verwirrung und Unsicherheit der vor Ort befindlichen Beamten. Es wurden keine alternativen Strategien zu der angewandt, die Männer der rasenden Menge in der Hoffnung entgegenzustellen, die Situation würde irgendwie wieder unter Kontrolle geraten.“

im Fußball. Und diesmal war es eine große Chance. Aber man bevorzugt, so zu tun, als wäre nichts passiert.

Schade, wirklich schade, weil ein Eingreifen in jenen Tagen des Februars 2001 vielleicht die noch schlimmeren Schmerzen und die Trauer hätten ersparen können, die bereits hinter der Ecke lauerten.

15
„Ihr könnt uns nicht alle umbringen“

Durch das immer angespanntere Verhältnis zu den Ordnungshütern und den Hass gegen das mediale und wirtschaftliche Abdriften der Welt des Fußballs nähern viele italienische Kurvengänger sich an die Antiglobalisierungsbewegung an, die sich im aufgeregten und unzufriedenen Italien des Jahres 2001 auf das Großereignis des G8-Gipfels in Genua im Juli vorbereitet. Und es ist sicher einfach zu verstehen, dass diese Annäherung ihre Risiken mit sich bringt.
Aber wie gewohnt tut man auch angesichts deutlichster Warnungen weiter so, als wäre nichts.

Denn das Desaster von Genua, das ein ganzes Land angesichts einer für die „Zivilgesellschaft“ – die *La Repubblica* und den *Corriere della Sera* liest und Fußballspiele nur aus dem Fernsehen kennt – absolut unerwarteten Situation in Bestürzung versetzen wird (wenn auch nur für kurze Zeit), war schon passiert.

Ein schön deutliches Signal wurde dann auch tatsächlich schon im März 2001 gesendet, leider findet sich niemand, der es hätte empfangen können. Am 17. März findet nämlich mit identischen Ergebnissen in Neapel das Global Forum statt, eine Art kleinere Generalprobe für den G8-Gipfel. Auf der Piazza Plebiscito entbrennen härteste Auseinandersetzungen zwischen der Ordnungsmacht (das mobile Einsatzkommando Napoli, bereits seit einigen Jahren in schlechtestem Verhältnis gegenüber den Ultras) und Demonstranten (im Demonstrationszug finden sich einige Banner napoletanischer Ultrà-Gruppen), gefolgt von Massenverhaftungen, Leuten, die mit Gewalt aus Krankenhäusern gezerrt wurden, und grundlose Gewalt gegen Verhaftete in der Raniero-Kaserne. Sogar Amnesty International eröffnet eine Untersuchung zum Vorgehen der italienischen Ordnungskräfte in diesem Rahmen. Acht Polizeibeamte werden unter dem Vorwurf der Entführung und „privater" Gewaltausübung festgenommen und dann vom Berufungsgericht wieder freigelassen: Zwar schließt das Berufungsurteil die Straftat der Entführung aus, spricht jedoch von „Taubheit gegenüber den unveräußerlichen Rechten der Personen".

Ein paar sinnlos wohlmeinende Nischenblätter wie *Il Manifesto* versuchen, sich der Sache anzunehmen. Man findet sogar einen Polizisten, der – im Schutz der Anonymität – Erklärungen wie die folgende von sich gibt:

> *„Der Befehl lautete, alle Straßen abzusperren, genau wie das im Stadion gemacht wird, wo, wenn es einen Angriff gibt, eben alle etwas abbekommen. Und es ist nicht wahr, dass die Via Marina ein Fluchtweg gewesen wäre, ein solcher war nicht vorgesehen. Aber verlieren Sie keine Zeit auf der Suche nach schriftlichen Einsatzbefehlen: solche existieren nicht."*

Erinnert dieses Fehlen schriftlicher Befehle an irgendetwas? Vielleicht zufällig an ein beiläufiges Ereignis in einer Schule in Genua?

Aber die Mitte-Links-Regierung spielt alles herunter. Der Ministerpräsident heißt Amato, und der würde, wie er durch sein späteres Verhalten als Innenminister noch häufiger bekräftigen wird, eher seine Schuhe auffressen, als der Polizei irgendwelches Kopfzerbrechen zu bereiten, und die Massenmedien schließen sich dem, wie immer, auch diesmal gern an. Man redet von Rutelli und Berlusconi, die sich im Wahlkampf gegenüberstehen. Denn so etwas interessiert die Leute, so etwas verkauft Zeitungen, verkauft Werbung und stört niemanden.

So bereitet man sich auf die große G8-Kirmes vor und tut einfach so, als ob nichts wäre.

Natürlich war, was passieren könnte, nicht wirklich schwierig vorauszusehen, man hätte wissen können, wer gegen den G8-Gipfel auf die Straße gehen würde, vor allem am Freitag, dem Tag der Ungehorsamen.[72]

Zusammen mit den Tute Bianche, den Ribelli del Sud, den Autonomen, dem Schwarzen Block und weiteren Hunderten von Gruppen und Untergruppen sowie einzelnen Teilnehmern, die sich in der Via Tolemaide zusammenfinden, um vor allem ihre Existenz als Generation geltend zu machen, finden sich auch viele aus der Welt der Kurven. Aus Mailand, Rom, Perugia, Venedig, Turin, Terni, Livorno, Pisa, Florenz, Neapel und vielen weiteren kleineren Städten. Und natürlich auch aus Genua selbst: Die Teilnehmer aus den großen Metropolen und dem Nordosten des Landes sind eher der Szene der Centri Sociali und der Tute Bianche verbunden, während die aus Mittelitalien eher Verbindungen zu politischen Parteien pflegen (meist der kommunistischen *Rifondazione Comunista*). Der kleinste gemeinsame Nenner ist offensichtlich eine politisch „linke" Ausrichtung, oftmals radikal und widerständlerisch, auch wenn diese politische Identität (genau wie die „rechte" in vielen anderen Kurven) außer in bestimmten Ausnahmefällen (vor allem Livorno) willentlich aus der Kurve verbannt bleibt.

Wer also nach Genua fährt, tut dies deshalb entweder aus eigenem Antrieb oder allerhöchstens mit Vereinigungen, die auch Ultras mit einbeziehen (wie z.B. „Noi Ultras/Onlus" aus Venedig oder „AfroGrifo" aus Perugia). Es gibt keinen Ultrà-„Block", sondern freie Staatsbürger ohne Banner, ohne Schals und ohne Symbole, die ihre Missbilligung gegenüber einer bestimmten Politik manifestieren wollen. Umso mehr, als eine Risikosituation wie die in Genua die Beteiligung einer so schlecht beleumundeten Gruppe wie die der Ultras diese im Falle von Ausschreitungen zum idealen Sündenbock machen würde. Und dies wissen die Ultras genau.

72) Sogar ich selbst habe am 13. Juli 2001 in Gianfranco Teotinos Wochenblatt Rigore einen kurzen Artikel veröffentlicht, der traurigerweise vorhersagte, dass am Demonstrationszug vom 20. Juli viele Ultras teilnehmen würden, einige davon aus rein politischen Motiven, andere aus deutlich konfrontativeren Gefühlen gegenüber der Polizei heraus.

Aber die Ultras fahren durchaus auch in ihrer Eigenschaft als solche nach Genua, als leidenschaftliche Kurvengänger, die sich gegen den aufziehenden „calcio moderno“ stellen. Es stellt eben einen großen Schritt dar für Personen, die bis eben noch mit Passion und Anteilnahme den Geschicken ihrer Mannschaft gefolgt sind und für die das Stadion einen grundlegenden Teil ihres sozialen Lebens bedeutet, sich plötzlich in die Rolle der Verbraucher/Kunden des Produkts „Stadion/Kartoffelchips/Fanartikel/Pay-TV/Original-Shirt“ gedrängt zu sehen. Und die Ultras wollen diesen Schritt nicht gehen.

Es ist auch sehr interessant zu beobachten, wie in jenen Jahren – als genaues Gegenteil zu dem, was zu Beginn der Ultrà-Bewegung gegen Ende der 60er Jahre passiert war – nun die politische Bewegung sich einiger Ausdrucksmittel, wenn auch in ironischer und selbstironischer Weise, aus der Welt des Fußballs bedient, insbesondere einiger Gesänge. In jedem Falle bestehen auch nach mehr als 30 Jahren weiterhin Anknüpfungspunkte und Gemeinsamkeiten zwischen dem politischen und dem fußballerischen Widerstand, und zu diesen gehört, leider, für beide auch die schlechte Beziehung zur Staatsmacht.

Man muss auch darauf hinweisen, dass viele auch nach Genua fahren, weil völlig klar ist, dass es am 20. Juli eine hervorragende Chance geben würde, alte Rechnungen zu begleichen, den verhassten Polizisten gegenüberzustehen – und diesmal in einem anderen und für sie deutlich vorteilhafteren Umfeld als dem der Stadien. Es wird Ärger geben in Genua. Eine Menschenmasse wird unterwegs sein, in der die Gewalttäter untertauchen können, um besser zuschlagen zu können.

Und am 21. und 22. Juli hätte in Genua vieles passieren und stattfinden können, aber wieder einmal bleibt kein Platz für irgendetwas anderes. Proteste, Forderungen, Basisdemokratie: alles gestrichen, alles weggefegt. Es bleibt kein Platz für irgendetwas anderes als eine gigantische Abrechnung.

Es endet, wie wir alle wissen: Ein Toter, Carlo Giuliani, getötet in der Piazza Alimonda durch einen Kopfschuss, abgegeben aus einem Jeep der Carabinieri, während er einen Feuerlöscher in den Wagen werfen wollte. Hunderte Verletzte sowohl unter den Demonstranten wie auch in Reihen der Polizei und Carabinieri. Hohe Sachschäden im Stadtgebiet. Und noch weitere Zwischenfälle, während der samstäglichen Demonstration und während der Erstürmung der Diaz-Schule, die Rache der Polizei, die wahllosen Prügelorgien, die Folter. Eine unheilbare Wunde, eine ebenso schmerzhafte wie unauslöschliche Erinnerung im persönlichen und kollektiven Gedächtnis.

Italien steht bestürzt vor diesem Ausbruch der Gewalt. Niemand, fast niemand, hätte so etwas für möglich erachtet. Nicht so. Es ist richtig, dass die Zeitungen ihren Teil dazu beigetragen haben, die Spannungen zu schüren. Es ist richtig, dass die Verlautbarungen vom Vortag wie auch die Zusammenstellung des Demonstrationszugs durch die „Organisatoren" selbst sich im Nachhinein als absolut gedankenlos herausstellten. Und es ist auch richtig, dass das ausgefeilte Sicherheitskonzept mit den Absperrungen und der streng bewachten „roten Zone", während der Rest der Stadt aufgegeben und sich selbst überlassen wurde, aufgeklärteren Menschen ernsthaft hätte zu denken geben und Angst machen müssen. Aber alles in allem wurde einerseits das Verhalten der Tute Bianche, der Ungehorsamen, schon immer als ironisierend und nicht als wirklich ernsthaft gefährlich verstanden. Andererseits hätte die Anwesenheit von mehr als 18.000 Polizisten, Carabinieri und Finanzpolizei[73] – das größte Aufgebot von Ordnungshütern, das in Itali-

73) A.d.Ü.: Die Guardia di Finanza (dt. „Finanzwache", „Finanzwacht" oder auch „Finanzpolizei") ist eine spezialisierte italienische Polizeitruppe, die direkt dem Ministerium für Wirtschaft und Finanzen untersteht. Sie ist vor allem für die Bekämpfung der Wirtschaftskriminalität zuständig. Die Guardia di Finanza ist militärisch organisiert und übernimmt im Verteidigungsfall im Rahmen der Streitkräfte Grenzsicherungsaufgaben. Ihre etwa 68.000 Angehörigen haben Kombattantenstatus. (Quelle: Wikipedia)

en jemals zum Einsatz kam – zumindest die Verhinderung der größten Schäden garantieren sollen.

Und so ist der Effekt des Desasters von Genua während und nach diesen Tagen äußerst heftig, und für viele „Linke" ist die Verknüpfung der Polizeigewalt mit dem wenige Wochen vorher stattgefundenen Amtsantritt der Mitte-Rechts-Regierung unter Führung von Berlusconi geradezu automatisch. Aber auch diese Erklärung von der „Rückkehr der Faschisten" ist nur die übliche bequeme und bestehende Vorurteile bestärkende Interpretation – lediglich oberflächlich glaubwürdig auch dank der völlig offensichtlichen Überforderung von Personen wie dem damaligen Innenminister Scajola.

Es ist nicht so. Es gibt keine Guten am 20. Juli in Genua. Oder besser: Sie müssen den Platz einer gewalttätigen und bösartigen Wut räumen, die für nichts anderes mehr Platz lässt. Am 20. Juli wird in Genua nicht etwa das Nachspiel, sondern der Höhepunkt eines nie explizit erklärten Kriegs zwischen einem großen Teil der italienischen Jugend und der Staatsmacht ausgetragen. Beide Seiten handeln nicht als Reaktion auf irgendjemanden. In der Via Tolemaide findet keine Politik mehr statt, sondern eine Schlacht.

Und nach den Schlachten, wenn es wahre Schlachten sind, so wie die des G8-Gipfels eine ist, werden keine Gefangenen gemacht. Also machen die Ordnungshüter auch keine. Achtung, „die Ordnungshüter", nicht der Staat. Hier – ich bin mir bewusst, dass meine Ansicht eine absolute Minderheitsmeinung darstellt – gibt es keine Strippenzieher, keine Weichensteller, absolut keine Grauzone. Alles, was man gesehen und gewusst hat, ist wahr, und die Wahrheit ist nur das, was man gesehen und gewusst hat. Die Stürmung der Diaz-Schule war – denn jedes mögliche Unglück tritt auch zwangsläufig immer ein – von allen Demonstrationen an all diesen Tagen die wirklich einzige Aktion

„von unten“. „Jetzt zeigen wir ihn euch mal, den G8“.[74]

Außerdem war schon vor Diaz, an jenem tragischen Freitag, 20. Juli, die Gewaltbereitschaft der Demonstranten dermaßen hoch, dass sie die Polizeieinheiten völlig überraschte, die genauso übermäßig präsent wie unvorbereitet vor Ort waren. Trotz ihrer Bewaffnung mit den unglaublich gefährlichen CS-Tränengasgranaten, die als Chemiewaffen klassifiziert sind, von deren Einsatz selbst die Polizeigewerkschaft schärfstens abrät und die in allen zivilisierten Ländern verboten sind, weil sie unter den Opfern schwere Gesundheitsschäden hervorrufen – die aber trotzdem weiterhin in den Stadien eingesetzt werden. Um die ganze Wahrheit zu sagen, stecken Polizei und Carabinieri am 20. Juli deutlich mehr ein, als sie austeilen können. Sie werden angegriffen, verletzt und vertrieben. Um sich zu verteidigen – vermutlich, weil sie vorher unvorsichtigerweise angegriffen haben – sind sie gezwungen, zu schießen und zu töten.

Bei der ersten Attacke auf den Umzug der Disobbedienti (um 14.00 Uhr; der gesamte Vormittag war geprägt von ungestörter Gewaltausübung seitens des Schwarzen Blocks) sind im Zug zu viele, die *nicht* fliehen. Um es endlich „den Bullen“ heimzuzahlen, zum Gegenangriff zu blasen und die Frontlinie über Stunden zu halten.

Wer sind die? Wer steckt wirklich in diesem Demonstrationszug? Wer sind die ungefähr 3.000, die die Auseinandersetzung mit der Polizei suchen? Viele sind Disobbedienti, vielleicht Tute Bianche; viele sind Ribelli del Sud. Und viele sind Ultras.

Am Sonntagmorgen, nach den erneuten Ausschreitungen während der Samstagsdemo, veröffentlicht der *Corriere della Sera* unter dem Titel „Genua ist zerstört“ das Foto eines jungen Mannes in Sturmhaube von hinten, der zwischen den Flammen auf einem auf dem Dach lie-

74) Die Geständnisse und die Reue sechs Jahre danach bedeuten absolut nichts in diesem Zusammenhang, außer dass sie weiteren Hass befeuern und die anhängigen Strafprozesse verlängern: Jeder, der nicht sowieso völlig blind vor Vorurteilen war, hat sofort gewusst und verstanden, was in der Diaz-Schule passiert war.

genden Auto steht, ein ausgestreckter Arm, der irgendetwas auf „die Bullen“ irgendwo da im Hintergrund wirft. Der Mann trägt das Trikot der Fiorentina: Rückennummer 2, Repka.[75]

Es folgt ein bedrückender Sommer voller Anzeigen, Polemiken, Verhöre und parlamentarischer Untersuchungsausschüsse. Es werden Namen genannt. Man sucht nach Schuldigen. Und man hat Mühe, diese zu finden, weil man die Hierarchie nicht nachvollziehen kann, die Befehlskette, wer was entschieden hat. Natürlich hat man Mühe, denn es gibt sie nicht. Aber das darf man wiederum natürlich nicht zugeben.

Aber weil es nirgendwo jemanden gibt, der die Kraft und den Willen hat, sich ernsthaft mit dem wirklichen Problem auseinandersetzen, die Richtung zu ändern, Köpfe rollen zu lassen, folgt nur eine erstickende Flut von Heuchelei und Phrasendrescherei. All jene, die bis gestern noch den Kopf in den Sand steckten, als diese Dinge in den Kurven italienischer Stadien passierten, faseln nun von der „Polizei wie in Chile“, von „Faschismus“ und der „Schuld des Staates“. Sie verwenden uralte Kategorien zur Beschreibung einer Situation, die sie nicht verstehen, die sie noch nie verstehen wollten, die aber schon seit Jahren besteht. Wo glauben sie denn, dass diese unsere Polizisten und Leitartikler vom Schlage eines Michele Serra „ausgebildet“ wurden? Wo glauben sie denn, hätten diese gelernt, in dieser Art zu „übertreiben“, wie es die ganze Welt in Genua gesehen hat? Woher glauben sie denn kommt dieses Gefühl von absoluter Straffreiheit, das ganz offensichtlich die Einheiten der italienischen Ordnungshüter prägt? Und warum hat niemand etwas gesagt, als *vier Monate zuvor* in Neapel genau dasselbe passierte, aber unter einer Mitte-Links-Regierung?

75) A.d.Ü.: Das Foto des Corriere wurde höchstwahrscheinlich gestellt, nachdem die eigentlichen Auseinandersetzungen längst vorbei waren. Massenmedien bedienen sich gern einer ikonisierenden Bildersprache, die häufig kaum noch Platz für differenzierte Betrachtungsweisen lässt.

Und die Gutgläubigen, die hoffen, dass dieses ganze Chaos, dieser ganze Schmerz trotzdem irgendetwas helfen könnten, und sei es nur wegen des unglaublichen Ausmaßes dieses Unglücks und dessen Auswirkungen auch auf das Ansehen des Landes im Ausland, liegen völlig daneben. Es wird von beiden Seiten eine erhöhte Aufmerksamkeit geben, was politische Demonstrationen wie das Global Forum in Florenz angeht. Aber die Verhaltensweisen und Einsatzstrategien an der heißesten Front der italienischen öffentlichen Ordnung und Sicherheit, den Stadien, werden sich keinen Millimeter verschieben. Und die bitterlogische Konsequenz ist, dass die Zusammenstöße zwischen Ultras und Polizei weitergehen, die Beziehungen sich weiter verschlechtern und dass im Herz vieler, zu vieler, weiterhin ein blinder Hass wohnt, eine tief sitzende Wunde, ein bösartiger Wunsch nach Rache.

Carlo Giuliani, ein junger Mann von 23 Jahren, geboren in Rom, war am 20. Juli zunächst noch unsicher, ob er zur Demonstration oder ans Meer fahren sollte. Aus dem Demonstrationszug heraus sendet er kurz vor seinem Tod noch eine kurze Nachricht an einen Freund: „Hast du gesehen, was hier abgeht?“ Die übliche verfluchte Faszination der Gewalt der Straße. Kurz darauf stirbt er auf der Piazza Alimonda durch einen Kopfschuss, der aus einer Pistole in einem Jeep der Carabinieri abgefeuert wird, gegen den er gerade einen Feuerlöscher wirft – das Gesicht von einer Sturmhaube verhüllt. Während der Beerdigung wird sein Sarg von einer Fahne des AS Roma bedeckt.

Und dass es eine Verbindung, eine Schnittmenge, zwischen jenem Tag in Genua und den Ultras gibt, wird in den folgenden Monaten noch explizit deutlich und wird auch ganz klar in vielen italienischen Kurven manifestiert: „Ehre für Carlo Giuliani“ in der Curva Maratona in Turin; „Genua 20-07-2001: wer vergisst, macht sich mitschuldig“ in der Mailänder Curva Sud; „Ultras, Rebellen, Politische, Leute der Straße. Ihr könnt uns nicht alle umbringen. Carlo Giuliani rot-gelb für immer“ in der Curva Sud in Rom. Und wieder in Rom, in der hyperfaschistischen Lazio-Kurve, erscheint das für viele überraschende Spruchband: „Verschiedene Ideale. Ehre für Carlo Giuliani“.

Wieder einmal werden die herkömmlichen politischen Klassifizierungen, die überholten Kategorien von „Links“ und „Rechts“, von „Faschisten“ und „Kommunisten“, die im Grunde genommen nur gut sind als Deckmäntelchen und Fähnchen, mit dem man wedeln kann, zugunsten von etwas Tiefgreifenderem, stärker Gefühltem fallen gelassen: Einem toten Jungen, der von den Bullen ermordet wurde, die von Tausenden italienischen Jugendlichen sowieso schon als „Feinde“ betrachtet werden.

Beunruhigende, verstörende Signale. Funken eines Feuers, das unter der Asche weiter glüht.

In diesem elenden Land aber gibt es eine Rechte, die – nachdem sie mit dem zukünftigen Kommunikationsminister Gasparri Tagungen unter dem Motto „Eine Heimat genannt Kurve“ organisiert und eine Größe der Brigate Gialloblù ins Parlament geholt hatte – sich als Rechte mit einer Mission wiederentdeckt und sich geschlossen hinter das Motto „Hände weg von der Polizei“ stellt. Und es gibt all die anderen, die sich nun wirklich nur noch um ihren eigenen heiligen Scheiß kümmern und den Teufel tun, Menschen wie Polizeichef de Gennaro und dessen Leuten irgendwelche Steinchen in die Schuhe zu tun. In diesem kaputten, alten, verrannten Land, in diesem furchtbaren Land, mit seinen schäbigen Politikern, Zeitungen, Fernsehsendern, in diesem Land, das immer und ausschließlich nur über Geld redet und auf wirklich alles andere pfeift, nun will also dieses Land Genua ganz einfach nur streichen, vergessen und so tun, als wäre nichts weiter geschehen.

Und was, meint Ihr, bedeuten da diese drei in den Stadionkurven aufgehängten Fetzen? Rowdys, die da in den Stadien, Rowdys, auch die in Genua, Rowdys, die eine vielleicht ein bisschen überzogene Reaktion der Ordnungshüter provoziert haben, denen in jedem Fall die uneingeschränkte Solidarität aller Verfassungstreuen gehört, für ihre große Ergebenheit für die Sache der Nation, für ihre Opferbereitschaft trotz so niedriger Bezahlung, die im nächsten Staatshaushalt mit Sicherheit verbessert werden muss. Genua vergessen. Vielleicht mit Hilfe des 11. Novembers. Dummerweise wagen einige zu erinnern.

16
„Du bist entweder Wächter oder Dieb"

Die Welt der Ultras ist eine schizophrene, ständig damit beschäftigt, gegen alles und jeden zu kämpfen, sich selbst eingeschlossen. Deswegen bildet sich auf der einen Seite um das Jahr 2000 herum wie niemals vorher ein Bewusstsein dafür heraus, eine „Bewegung" zu sein, Instanzen und Werte zu haben, gemeinsame Ziele, für die es zu kämpfen lohnt. Auf der anderen Seite kämpft man miteinander und sticht sich gegenseitig ab.

Genau. Denn schon nach einer sehr kurzen Pause nach dem Tod Spagnolos und trotz einer gewachsenen Präsenz von Polizei und Sicherheitskräften in den Stadien, die trotz immer weiter schwindender Zuschauerzahlen zahlenmäßig weiter ansteigt, gehen die Auseinandersetzungen zwischen den Gruppen mit demselben stumpfsinnigen Hass wie vorher weiter, und auch die Messer kommen wieder ins Spiel. Gegenüber der Vergangenheit gibt es nur einen Unterschied. Mit Ausnahme Roms, die schon immer einer der härtesten und schwierigsten Städte – vielleicht *die* schwierigste – Italiens war und auch heute noch ist, verschiebt sich der Schwerpunkt der Ultrà-Gewalt ab den letzten Jahren des letzten Jahrhunderts vom Norden in den Süden des Landes. Während bis in die 90er Jahre hinein die Tifoserien, die sich durch eine besonders hohe Zahl von Zwischenfällen auszeichnen, größtenteils – mit Ausnahme Roms – aus dem Norden stammen (Milan, Verona, Atalanta, Fiorentina, Juventus, Torino, Inter), sind es im letzten Jahrzehnt nun immer häufiger Gruppen aus Süditalien, die negativ auf sich aufmerksam machen: Salernitana, Bari, Catania und vor allem Napoli – um nur die größeren Städte und Mannschaften zu nennen – verlieren endgültig ihren Ruf als zwar heißblütige, aber nicht strukturell gewalttätige Fangruppen, um nun in vollem Umfang in die Dimension Ultras einzugehen. Letzteres im schlimmsten Sinne des Wortes, wie in der schrecklichen Begebenheit des Zugs der Salernitani im Jahr 1999. Denn wie alles andere auch gilt auch in der Welt der Ultras das Prinzip „Ursache – Wirkung“, und wenn sich die Gewalt verlagert, verlagern sich auch deren Opfer.

Am 17. Juni 2001 ist das Derby Messina – Catania angesetzt, es geht um den Aufstieg in die Serie B, die zweite Liga. Alle Zutaten für das Schlimmste sind zur Hand: ein aus sportlicher Sicht äußerst wichtiges Spiel, eine Herzensangelegenheit für die Fans, denn es mögen zwar die Jahre vergehen, die Verbundenheit zum eigenen Kirchturm bleibt aber dennoch einer der wichtigsten Gründe, die niedrigsten Instinkte zum Vorschein zu bringen, und ein Stadion – das alte „Celeste“ in Messina – an der Grenze zum Grotesken. Ein Stadion, das leer schon gefährlich ist. Absolut unkontrollierbar (und konsequenterweise auch unkontrolliert). Deshalb bringt ein Fan aus Catania auch eine Papierbombe mit ins Stadion und wirft sie völlig problemlos in das Heimpublikum. Er trifft Antonino Currò, 24 Jahre, der ins Koma fällt und zwei Wochen später verstirbt. Drei Tage danach wird ein minderjähriger Fan von Catania festgenommen und für den Angriff angeklagt. Die Filmaufnahmen beweisen, dass er die Tat nicht begangen hat. Der Schuldige wird nie gefunden. 1979, noch vor der digitalen Ära, vor der Einführung der Überwachungskameras, vor eigentlich allem, wird im ungleich größeren römischen Olympiastadion der Junge, der die tödliche Signalrakete auf Paparelli abfeuerte sofort identifiziert. 2001 in Messina schafft man das nicht mehr.

Es werden Dekrete erlassen und Gesetze verabschiedet, obwohl man genau weiß, dass man sie nicht durchsetzen können wird. Aus Mangel an Ressourcen, an Strukturen und vor allem an Willen. Man schwätzt. Man redet aufs Geratewohl drauflos. Von Gewalt und natürlich von Rassismus, der weiterhin ein wichtiges Thema bleibt. Nach dem Spruchbanner der Laziali[76] „Ehre dem Tiger Arkan" (2000) bricht ein Riesentheater an Gefasel auf den Bannern der Stadien los, so dass die Minister für Sport und Inneres Melandri und Bianco im Februar 2000 ein Gesetz beschließen, demzufolge Spiele „sofort" abgebrochen werden müssen, sobald auf den Rängen rassistische oder fremdenfeindliche Spruchbänder aufgehängt werden. Hier etwas entfernen, dort etwas zensieren, oben etwas bestrafen, unten etwas mit Stadionverbot belegen. Worte, Worte, Worte, während in den Stadien bis 2007 weiterhin Banner mit allem Möglichen ausgestellt werden.[77]

Selbstverständlich darf Verona nicht fehlen, wenn man vom Rassismus in den Stadien spricht: In der Tat erklärt im Jahr 2000 Vereinspräsident Pastorello, dass er keine farbigen Spieler kaufen würde, weil die Ultras dies nicht wünschten. Um Himmels willen! Die Empörung der Gutmenschen erreicht ungeahnte Ebenen. Wie schrieb Oscar Wilde: „Wer die Wahrheit sagt, wird früher oder später dabei ertappt." Unnötig zu erwähnen, dass Sportministerin Giovanna Melandri erschüttert ist und ihre Empörung in jedes ihr entgegen gestreckte Mikrofon aufsagt; Veronas Bürgermeisterin Michela Sironi erklärt, „wenn das wahr wäre, müsste man alle Stadien schließen." *Wenn das wahr wäre?* Wo um Himmels willen hat sie denn nur gesteckt die ganzen Jahre, die Frau Bürgermeisterin? War sie womöglich gerade im Ausland, als 1996 – nur vier Jahre vorher, nicht etwa 40 – der farbige Spieler Ferrier mit einer am Geländer aufgeknüpften Schaufensterpuppe begrüßt wurde,

76) Die sich schon 1998 während eines Derbys mit einem „Auschwitz eure Heimat, die Öfen euer Haus" hervorgetan hatten.

77) Schon 2001, wieder beim römischen Derby, besteht die Choreografie aus dem Wort „Scheißkerle" und es erscheint das Spruchband: „Mannschaft der Neger, Kurve der Juden". Auf der anderen Seite etwas weniger ausfällige Freundlichkeiten zu Paparelli. Und erneut, um uns nur mit den gröbsten Fällen zu beschäftigen, im Jahr 2007 – Scheiß auf's Gesetz – und wieder im Olympiastadion, diesmal in der Südkurve: „Got mit uns"* (sogar mit Druckfehler, es fehlt das „t" von „Gott"). „Lazio – Livorno. Selber Anfangsbuchstabe, selber Ofen." *A.d.Ü.: „Gott mit uns" trugen die Soldaten der Wehrmacht während des 2. Weltkriegs auf der Gürtelschnalle.

darüber das Banner: „Den Neger habt ihr geschenkt bekommen. Gebt ihm nun das Stadion zum Saubermachen.“[78] Alles wie immer: Dinge einmal ernsthaft angehen, versuchen zu durchdenken, oder wenn man *begründeterweise* der Meinung ist, dass es da nichts zu durchdenken gibt, durchsetzungsstark zu handeln, sind Konzepte, die nicht einmal in Erwägung gezogen werden. Also tut man so, als wüsste man von all dem nichts. Anstatt sich der Realität zu stellen, anstatt den Kopf hinzuhalten, ist es immer noch besser, wie ein Idiot dazustehen.

Aber einige machen in diesen Jahren wirklich Ernst oder versuchen dies wenigstens, sowohl an der Gewaltfront wie an der des Rassismus. Ein paar Leute gibt es. Ein paar Leute schließen sich zusammen, forschen, sammeln Material, organisieren Treffen mit den Fans, beziehen Politiker mit ein, sorgen für Strukturen sowie für den Rechtsbeistand der Stadionverbotler und versuchen, die Stimme der Ultras in die öffentliche Meinung einzubringen.

Unbedarft wie man will, wenig faszinierend, zu sehr den Institutionen verhaftet und viel zu sozial korrekt, um tatsächlich zum Kern der Ultras durchzudringen – aber das „Progetto Ultrà“[79] (mit dem „Archivio del Tifo“) von Carlo Balestri, ein 1995 gegründeter Verein, bleibt trotz alledem ein ernsthafter Versuch, den Fans in Italien eine Struktur zu geben, die den Ende der 80er Jahre in England entstandenen Initiativen entspricht. Die Organisation der antirassistischen Weltmeisterschaften und der Fantreffen (auch rivalisierender Gruppen), die Zusammenarbeit mit ähnlichen Projekten und Initiativen auf europäischer Ebene werden in einigen Fangruppen durchaus begrüßt und unterstützt; und dies nicht nur unter denjenigen, die sowieso schon als

78) Im Original: „El negro i ve l'à regalà. Dasighe el stadio da netà.“ Der Machbarkeit halber hat man „den Neger“ dann doch lieber an die Salernitana verkauft.

79) siehe www.progettoultra.it

„links" bekannt sind. Was sich allerdings dabei nie wirklich durchsetzen kann, ist die eigentliche Grundidee, nämlich dass die Ultrà-Bewegung als solche den Institutionen, den Ordnungskräften, der Presse und dem System Fußball als geschlossener Verhandlungspartner gegenübertritt. Im Gegenteil, es werden Gruppen, oder besser: „Gedankenlinien" geboren, die dem „Progetto Ultrà" offen entgegenstehen, und es ist ebenso bitter wie banal, dass jene Gruppen auf die Ultras eine weit größere Faszination ausüben.

Und in der Tat ändern sich die Dinge im Lauf der Zeit. Sie verschlechtern sich. Menschen sterben weiter in Stadien, und die Ultras verrennen sich immer weiter in eine wütende, irrationale und gefährliche Isolation.

Der Herbst 2003 ist eine weitere dunkle Episode.

Am 20. September stirbt während eines anderen Südderbys, Avellino gegen Napoli, ein 20-jähriger junger Mann, Sergio Ercolano. Wie stirbt er? Er wandert über eine Plexiglasabdeckung, bricht durch und fällt in den Sicherheitsgraben. Ungefähr 15 Meter tief. Warum stirbt er? Weil Avellino – Napoli eine der unzähligen Gelegenheiten ist, bei der Unorganisation, Schlampigkeit und Zynismus das Spiel zu einem idealen Szenario für die gewalttätigsten und gefährlichsten Ultras machen. Aus Neapel setzen sich ungefähr 5.000 in Bewegung, davon etwa 4.000 ohne Eintrittskarte. Es handelt sich um kein besonderes Risikospiel, was die Beziehungen zwischen den beiden Fangruppen anbelangt, zwischen den Napoletani und Ultras aus Avellino herrscht kein besonderer Hass. Trotzdem erwartet die Neapolitaner in Avellino ein großes Aufgebot an Polizeikräften. Die den Fans aus Neapel zugedachte Kurve des Partenio-Stadions fasst 6.000 Personen, es sollte also keine Probleme geben. Die gibt es aber durchaus, und wie, denn es stehen lediglich tausend Eintrittskarten zum Verkauf. Tausende Tickets für die „Curva Nord" (die der Neapolitaner) befinden sich in den Händen der Schwarzmarkthändler, mit einem Stempel „Tribuna Partenio" darauf.

Ergebnis: Die Napoli-Fans beginnen, das Stadion zu stürmen, und die Polizeikräfte starten ihre Gegenangriffe. Die Eingangstore werden erstürmt. Viele Napoli-Ultras kommen ins Stadion. Unter ihnen ist auch Ercolano. Die Polizei startet einen erneuten Angriff im Inneren des Stadions, im zweiten Oberring. Der junge Mann übersteigt auf der Suche nach einem Fluchtweg eine Begrenzungsmauer und klettert auf der Plexiglas-Überdachung weiter. Die Überdachung gibt nach und er stürzt hinab. Alle können ihn dort sehen, reglos in einer Blutlache. Er ist noch am Leben – und wird erst zwei Tage später im Krankenhaus versterben. Aber es dauert eine halbe Stunde, bis der Notarzt eintrifft. In der Kurve herrscht das totale Chaos, Tränengas und Bengalos überall, die Krankenträger haben Angst, das Tor zu öffnen, das zu der Stelle führt, wo der Junge liegt. Außerdem finden sich die Schlüssel nicht. Schließlich schafft man es, Ercolano zu erreichen und ihn fortzutragen. Aber das Tor, das man erst nicht geöffnet bekommen hat, bleibt nun sperrangelweit offen stehen, und Hunderte neapolitanische Ultras ergießen sich auf das Spielfeld und gehen auf Polizistenjagd, Bilder, die ganz Italien erschüttern werden. Mit Sturmhauben maskierte und mit Stöcken und Stangen bewaffnete Napoli-Ultras verfolgen die Ordnungskräfte, die zu allem Überfluss auch noch in der Heimkurve von Avellino Schutz suchen, aus der sie natürlich sofort wieder verjagt werden. Erst nach mehreren Minuten retten sie sich in die Umkleidekabinen der Spieler. Natürlich wird das Spiel nicht ausgetragen, und Napoli muss die nächsten fünf Heimspiele vor leeren Rängen austragen. Avellinos Präsident Casillo beantragt nur wenige Stunden später den Sieg vor dem Sportgericht und bekommt die Punkte zugesprochen.

In den darauffolgenden Tagen läuft wieder derselbe Film ab. Empörung, Befremden, der Ruf nach härtesten Sondergesetzen, Solidarität mit den „heldenhaften Staatsbediensteten" selbst aus den Reihen derer, die noch vor genau zwei Jahren von „chilenischer" und faschistischer Polizei gesprochen haben. Natürlich fragt wieder niemand nach den

Gründen dafür, dass die Gewalt der Ultras erneut so schwere Schäden hat anrichten können. Als ob es zur Reduzierung der Zahl der Verkehrsunfälle ausreichen würde, die unvorsichtigen Autofahrer moralisch zu verurteilen. Die Verwaltung des Kartenverkaufs, die Zustände im Stadion, die Organisation des Sicherheitspersonals: Niemand hat sich gefragt, ob das alles irgendwie angemessen gewesen wäre. Niemand außer dem Anwalt der Familie Ercolano, der eine Schadenersatzforderung vorlegte gegenüber den folgenden Parteien in dieser Reihenfolge: Unione Sportiva Avellino (Ausrichter des Spiels); Stadt Avellino (Stadioneigner); Innenministerium (als Polizeipräsidium Avellino verantwortlich für die öffentliche Ordnung und Sicherheit). Die offiziellen Ermittlungen konzentrierten sich hingegen darauf, wer Ercolano derart „erschreckt" hat, dass er zum Überklettern der Begrenzungsmauer veranlasst wurde. Alles verläuft dann im Sande. Die Wochenschrift *Diario* schließt genau in jenen Tagen[80] eine eigene Recherche zur Welt des Fußballs mit dem Ergebnis, dass man noch lange über die Gründe sprechen würde, die zum Tod Ercolanos geführt hatten. In Wirklichkeit spricht darüber niemand mehr.

In jener Recherche gibt es jedoch eine geradezu prophetische Passage:

„In der Welt des Fußballs (und dieser Regierung der Nachrücker) hat niemand mehr die Macht, irgendetwas durchzusetzen. Also wird es mit den ‚organisierten Auswärtsfahrten' weitergehen. Und sie werden sich in einem moralisch nicht mehr nachvollziehbaren Teufelskreis mit der Subkultur der Kasernen der mobilen Einsatzkommandos der Polizei (die während der letzten Saison 612 Verletzte zählten, eine Verdopplung gegenüber dem Vorjahr) auseinandersetzen im Streit darum, wer nun ein größerer Macho und ein größerer Faschist ist. Es wird weitere

---

80) Aus dem Artikel von Marco Liguori und Salvatore Napoletano, Diario, 26. September 2003: „Unser Berichterstatter nach Spielschluss. Titanic Fußball. In der Hoffnung, dass nicht alles in Blut und Schlägen untergeht, macht sich unser Fußball trotzdem auf die Reise in die Katastrophe auf. Ein Betriebsunfall, den es zu studieren gilt."

Kerben auf Schlagstöcken und Fahnenstangen geben und viel Futter für die Soziologen und die Sendung Porta a Porta.“

Wenige Wochen danach, am 12. November, sterben 28 Personen durch ein Attentat auf die italienische Militärbasis Nassirya im Irak, unter den Opfern sind 19 Italiener, in der Mehrheit Carabinieri. Am Sonntag darauf spielt die Serie A nicht, der Spielbetrieb in der Serie B und den unteren Ligen wird jedoch fortgesetzt. Für viele Kurven stellt die Schweigeminute zu Ehren der Toten von Nassirya ein Problem dar. Denn es wird Carabinieris gedacht, denen normalerweise in fast allen italienischen Kurven mit dem berüchtigten Chor aus den 70er Jahren gehuldigt wird: „Die Arbeitslosigkeit / hat dir einen guten Job verschafft / ein Scheiß-Job / Carabiniere“.[81] Sollen sie nun „kohärent“ sein, pfeifen und damit die grundlegendere Regel des Respekts vor den Toten brechen? Oder sollen sie tatsächlich schweigen und sich dabei irgendwie scheinheilig fühlen? In vielen italienischen Ultrà-Gruppen streitet man erbittert über dieses Thema. In Livorno beginnt der oben zitierte Gesang direkt nach der Schweigeminute, in Mantova hingegen pfeift ein Teil der Curva während der Schweigeminute. In beiden Fällen protestiert der Rest des Stadions, aber es kommt trotzdem zur unausweichlichen – und nach den bestehenden Regelungen auch logischen – Platzsperre. Eine Woche später nimmt auch die Serie A den Spielbetrieb wieder auf, und in Verona, während des Spiels Chievo – AC Milan, starten die Milanisti den Gesang gegen die Carabinieri auch bereits während der Schweigeminute. Intoniert wird er von der Fossa dei Leoni. Von den anderen Gruppen schließen sich einige an, andere protestieren und Krempeln schon die Ärmel hoch, um sie zu stoppen. Für den AC Milan gibt es aber keine Platzsperre, es reichen 20.000 EUR Strafzahlung.

81) A.d.Ü.: „La disoccupazione / ti ha dato un bel mestiere / mestiere di merda / carabiniere“

Es sind düstere Signale. Einerseits für einen immer erbitterteren Bruch zwischen den Kurven und den Ordnungshütern und Institutionen, für eine immer gefährlichere Abkehr von den elementaren Regeln des Zusammenlebens. Andererseits aber auch für Zerwürfnisse innerhalb der einzelnen Kurven selbst – zwischen dem radikalen Flügel, der zu überhaupt keinem Kompromiss bereit ist, und den anderen, die hingegen verzweifelt versuchen, sich zu retten, fortzubestehen und sich in irgendeiner Form in Abmachungen zu flüchten. Nicht immer werden diese Abmachungen völlig ohne eigene Interessen getroffen.

In der Zwischenzeit betritt in Rom ein seltsames Kürzel die Bühne. Im November 2003 wird im Olympiastadion ein Flyer verteilt:

Warum B.I.S.L.
Obwohl wir alle Anhänger des AS Roma sind, ist es uns wichtig, darauf hinzuweisen, dass wir nicht als Gruppe angesehen werden möchten, sondern als eine Denkrichtung, der sich jeder anschließen kann, der diejenigen ablehnt, welche Regeln verdrehen wollen, die so alt sind wie die Menschheit.
Wir sprechen von diesem „Progetto Ultrà", das sicherlich auf wirtschaftlicher Ebene ein gutes Projekt ist – für die Beteiligten, schließlich gibt es Gelder vom Staat – aber mit Ultrà nun wirklich nur wenig zu tun hat. Dessen Verfechter zeigen, keinerlei Ahnung vom Thema zu haben, wenn sie sich gegen den modernen Fußball stellen, wo unserer Meinung nach das einzig Moderne sie selbst sind mit ihren Treffen, bei denen sich Fans von Atalanta und Brescia gemeinsam an einen Tisch setzen, um den Klingen den Krieg zu erklären.
Gut, wir möchten diese „Sportlich-Fairen" daran erinnern, dass Ultrà zu leben eine Straftat ist, deshalb hat man sich an einen bestimmten Verhaltenskodex zu halten, der auf der Straße geboren ist

[...].
Ein Ultrà wird im Untergrund geboren und er stirbt im Untergrund, vor allem aber verrät er seine Freunde nicht, denn der wichtigste Feind bleibt immer derjenige, der ihn auslöschen will. Für alles andere (die Kämpfe) gibt es keine Regeln. Wir werden die Bedeutung der Abkürzung B.I.S.L. niemals nennen, auch wenn sie leicht zu erraten ist. Diese Erklärung war notwendig, es werden aber keine weiteren folgen. Ehre den Inhaftierten und den Stadionverbotlern, Tod den Spitzeln!
B.I.S.L.[82]

Wie man sieht, gehen die B.I.S.L. („Basta Infami Solo Lame"[83]) keinerlei Kompromisse ein. Weder mit der Polizei noch mit dem Rest der Ultras. Alle, die auch nur irgendwelche minimalen Beziehungen zu den Institutionen unterhalten, sind Spitzel und Verräter. Ein Ultrà wird außerhalb des Gesetzes geboren, auf der Straße, und dort muss er auch bleiben. „Weder rot noch schwarz, vermummte Gesichter und freie Gedanken" („Né rossi né neri, volti coperti e liberi pensieri") und „Im Leben wie im Stadion, entweder bist du Wächter oder Dieb" („Nella vita come allo stadio, o sei guardia, o sei ladro") sind zwei der aussagekräftigsten Banner der B.I.S.L. Und wenn man einmal jegliche Scheinheiligkeit ablegt, muss man zugeben, dass in den Ohren eines großen Teils der Ultras diese Art Proklamationen durchaus schön, faszinierend und verführerisch klingen. In den Ohren der Jüngsten, welche die Jahre des politischen Kampfes nicht erlebt haben, die noch nicht am eigenen Leib erfahren haben, wie schmerzhaft der Übergang von der Theorie zur Praxis, von den Worten zu den Taten, sein kann.

---

82) Die Kürzungen sind vom Autoren vorgenommen. Der vollständige Text findet sich auf: http://www.asromaultras.org/bisl.html

83) „Schluss mit Verrätern, nur noch Klingen"

Man muss allerdings auch anmerken, dass in Bezug auf die B.I.S.L. jeder Versuch, in dem Ganzen eine scherzhafte Dimension oder nur eine ganz generelle Meinungsäußerung zu sehen, in hartem Widerspruch zur Realität steht. Einer Realität, die in den letzten Jahren einen dramatischen Anstieg der Messerstechereien in Rom verzeichnet. Selbst wenn für einige B.I.S.L. nur als Denkrichtung beabsichtigt war, stellt sie sich in der Praxis vieler als eine tragische und kriminelle Verhaltensweise heraus.

17
„Das Derby des toten Kindes“

Rom, 21. März 2004. Es ist mittlerweile tiefste Nacht. In der Nähe des Olympiastadions atmet man noch den scharfen Geruch des mörderischen CS-Tränengases, während die in Brand gesetzten Polizeifahrzeuge langsam verlöschen. Überall ist der Boden bedeckt mit einer Schicht aus Scherben, Dosen, Steinen, Blechen und Tränengasgranaten. Beim Obelisken steht eine Gruppe von AS Roma-Ultras. Unter ihnen befindet sich ein Polizist. Ein Gefangener. Er war nach einem der vielen Zusammenstöße des Abends, an dessen Ende die Einsatzkräfte flüchten mussten, auf dem Boden liegend zurückgeblieben und in die Hände des Gegners gefallen. Die Ultras beleuchten ihn mit einem Bengalo, damit ihn die anderen Polizisten aus der Entfernung sehen können. Dann lösen sich zwei der Roma-Ultras aus der Gruppe und tragen den Polizisten auf ihren Schultern. Sie legen ihn fast freundlich am Fuß des Obelisken ab. Seine Kollegen können ihn nun abholen kommen. Diese wahnsinnige Nacht ist wirklich vorbei.

Dieses Kapitel ist nicht die Geschichte des Derbys vom 21. März 2004. Es ist vor allem die Geschichte eines Buches, *Il derby del bambino morto* von Valerio Marchi[84] – das verlegerische Ergebnis einer eigenen Umfrage, die bereits wenige Stunden nach dem Derby auf der Seite

84) Cfr. Valerio Marchi, *Il derby del bambino morto*, DeriveApprodi, Roma 2005.
Valerio Marchi wurde schon als vieles bezeichnet, besser noch, er war vieles: Militanter, Historiker, Soziologe, Schriftsteller, Erforscher der Jugendbewegungen, Antifaschist, Skinhead, Ultrà des AS Roma. Wahrscheinlich ist Valerio Marchi der italienische Intellektuelle, der die Welt der Ultras am besten kennengelernt hat, weil er „akademische Glaubwürdigkeit + Arsch auf der Straße + wissenschaftliches
Instrumentarium + überbordende Leidenschaft“ in sich vereinigt hat, wie die Mitglieder des Wu Ming-Kollektivs über ihn geschrieben haben. Ein Intellektueller, wie man gern mehr davon hätte. Er starb im Sommer 2006 mit 51 Jahren. Eine leidenschaftliche und vollständige Erinnerung an Marchi und seine Arbeit findet sich auf: http://www.carmillaonline.com/archives/2006/07/001864.html

www.asromaultras.it,[85] gestartet wird, die hier bereits des Öfteren zitiert wurde.

Wer wissen will, was sich in jener Nacht wirklich zugetragen hat, der möge das Buch lesen oder sich die Website anschauen. Ihr werdet dort keine verqueren Meinungen finden, keine vorgefertigten Kommentare öffentlicher Persönlichkeiten, die Verantwortung irgendwo abladen wollen, keine Journalisten der Intellektuellen, die nach einer Zitierung oder Ablichtung sabbern. Ihr werdet dort keine der mehr oder weniger frei ausgedachten Interpretationen finden, keine Berichte von Leuten, die überhaupt nicht dabei waren. Ihr werdet Augenzeugenberichte, Erklärungen und (natürlich nur auf der Website) Fotos, Videos und Tonaufnahmen finden.

Bekanntlich wurde das Derby Lazio – Roma in der zweiten Minute der zweiten Halbzeit beim Spielstand von 0:0 in einem surrealen Klima abgebrochen: Der beißende Gestank des Tränengases verteilt sich in der Curva Sud, beide Kurven haben ihre Banner eingezogen, während fast der gesamte Rest des Stadions lange Zeit „Brecht das Spiel ab“ und „Bullen Mörder“ singt. Die Spieler hören plötzlich auf, zu spielen, und drei hochrangige Mitglieder der Kurve der Romanisti gehen auf den Platz und bitten die Spieler, das Spiel abzubrechen, weil ein Kind von einem Polizeifahrzeug überfahren wurde und gestorben ist. Sie garantieren, dass die Information sicher ist, man es bereits im Radio gemeldet hätte, und sie sagen, dass auch die Mutter des Kindes bereits benachrichtigt worden wäre. Die Spieler fragen wie immer die Mannschaftsleitung, was zu tun sei, aber in diesem Fall ist es von Anfang an schwierig, zu wissen, wer für eine solche Entscheidung verantwortlich ist. Schiedsrichter Rosetti ist selbst unsicher und telefoniert mit dem Präsidenten der Lega Calcio, Galliani, der gerade in Mailand beim Abendessen ist. Dieser gelangt nach einer kurzen Beratung zu der

85) http://www.asromaultras.it/0304lazioroma.html

Auffassung, dass eine Wiederaufnahme der Partie zu einer Platzstürmung führen könnte und autorisiert Rosetti zum Spielabbruch. Aber darf Galliani das tun? Nein, darf er nicht, denn nur ein Staatsorgan darf ein Spiel aus Gründen der öffentlichen Ordnung unterbrechen, und im Olimpico wird diese repräsentiert durch den Präfekten Achille Serra und den Polizeipräsidenten Nicola Cavaliere, die beide unter allen Umständen das Spiel fortsetzen wollen. Es gibt überhaupt kein totes Kind, es gibt absolut keinen Grund für einen Spielabbruch, eine im Gegenteil höchst gefährliche Entscheidung. Also lässt man über die Stadionlautsprecher eine Erklärung verlesen und setzt so das anwesende Publikum davon in Kenntnis. Nur, niemand glaubt dem. Der größte Teil der im Olympiastadion versammelten Zuschauer pfeift und singt weiter „Bullen Mörder". Serra und Cavaliere geben auf. Das Spiel wird abgebrochen, aber aus der Curva Sud kann man nicht heraus. Die Tore sind geschlossen, und auf dem Stadionvorplatz gibt es Auseinandersetzungen zwischen Fans und der Polizei. Die Zuschauer verlassen das Stadion über die Laufbahn Tribünenseite. Die Kämpfe vor dem Stadion gehen bis tief in die Nacht weiter.

Die offizielle Version, wie sie in dieser Reihenfolge vom Präfekten Serra, Polizeichef Cavaliere, Politikern und Journalisten vertreten wird, lautet, dass in einem weitgehend ruhigen Umfeld das Gerücht vom „toten Kind" mutwillig verbreitet wurde, um eine Störung der öffentlichen Ordnung herbeizuführen. Und das ist noch nicht alles: Es handelt sich um nichts Geringeres als eine Verschwörung, denn die Tatsache, dass beide Kuren gleichzeitig ihre Banner eingeholt haben, wäre ein klares Zeichen dafür, das die ganze Sache vorausgeplant war. Die Ultras wollten den Fußballvereinen und Institutionen „eine Nachricht" zukommen lassen: „Hier bestimmen wir".

Wie man sieht, handelt es sich dabei um Mutmaßungen, Annahmen, Theorien. Niemand sagt, „ich weiß, dass das so abgelaufen ist, ich hab gesehen, dass es so passiert ist." Es gibt keinen Augenzeugen, kein Dokument und keinen Beweis. Es gibt nur wenige – aber wichtige – Persönlichkeiten, die gemeinsam der Meinung sind, dass diese Darstellung der Abläufe glaubhaft sei.[86]

Die andere Version, die nicht-offizielle, die, von der man praktisch nie gesprochen hat, geht vom genauen Gegenteil aus. Es gibt eine Unzahl von Menschen, die berichten, die etwas gesehen haben, die Fotos und Videos aufgenommen haben. Hunderte, Tausende Personen. Aber das ist nur sinnloses Fußvolk, Ultras, Fans, Bürger, und fast niemand hört ihnen zu. Und diese Tausende Menschen erzählen von einem schrecklichen Nachmittag, einem neuen Genua (im Sinne von G8), das sich auf wenigen hundert Quadratmetern zwischen dem Platz vor der Südkurve und dem unmittelbar angrenzenden Bereich zutrug. Sie berichten von ganzen Einheiten der Polizeikräfte, darunter Finanzpolizei, die den ganzen Nachmittag in voller Kampfmontur stecken und von Beginn an im Bereich der Südkurve für ein äußerst angespanntes Klima sorgen, auf dem Platz vor der Kurve sofort mehrere Angriffe starten und Tränengasgranaten verschießen, um die fast schon ritualisierten „Zaunklettereien" der Fans ohne Eintrittskarte zu unterbinden.

Man versteht wirklich nicht, was die Ordnungshüter dazu gebracht haben könnte, vor einem Derby auf dem Vorplatz der Curva Sud an-

86) Aber würde es an einem solchen Abend Festnahmen und Anzeigen geben? An jenem Abend nicht, aber an den darauffolgenden Tagen ja; mehr als 20 Personen (darunter die drei, die das Spielfeld betreten hatten) werden festgenommen und dann bis zum Prozess wieder freigelassen. Der Prozess gegen die drei „Platzstürmer" muss erst noch beginnen, während der gegen die wegen Beteiligung an den Auseinandersetzungen beschuldigten Ultras damit endet, dass für alle der Anklagepunkt Verwüstung fallen gelassen wird („weil der Tatbestand nicht bewiesen ist"). Jetzt erwartet man noch das Urteil für den – deutlich weniger schweren – Vorwurf des „Widerstands gegen die Staatsgewalt". Die Anhörung wurde bereits mehrfach verschoben. Der einzige Fan, der das verkürzte Verfahren gewählt hatte, wurde freigesprochen. Für alle gilt ein dreijähriges Stadionverbot mit Unterschriftspflicht auf der Polizeiwache während der Spiele.
A.d.Ü.: Im September 2008, also nach Drucklegung der italienischen Originalausgabe des vorliegenden Buches, wurden dann auch alle weiteren Anklagepunkte gegen die Angeklagten wegen Verjährung eingestellt. Heute, unter dem „Pisanu-Dekret", besteht diese Möglichkeit nicht mehr, die Vorkommnisse rund um das „Derby des toten Kindes" fallen allerdings noch unter die alte Gesetzeslage.

zugreifen, nur um zu verhindern, dass irgendjemand über den Zaun steigt: [87]Vielleicht will man provozieren und die Gewalttätigen hervorlocken, die sich dann auch prompt nicht zweimal bitten lassen, aber es sollte doch wirklich einigermaßen vorhersehbar sein, dass man auf diese Weise auch die unausweichliche Reaktion Tausender Personen herausfordert, die sonst ganz ruhig geblieben wären.
Und weil dies alles vor dem Spiel stattfindet, kann man es auch prima verheimlichen, auch dank einer dabei hilfreichen Presseberichterstattung – ob nun aus Faulheit oder Willfährigkeit. Völlig leugnen kann man das Geschehene hingegen nicht, denn es gibt Zeugen und Fotos sowie Filmaufnahmen von Beteiligten. Jeder darf sich gern eine eigene Meinung bilden.

Die Polizeiangriffe auf dem Stadionvorplatz unter dem Begleitfeuer aus CS-Tränengasgranaten enden natürlich in einer ausgemachten Schlacht. Zunächst werden die Ordnungshüter zurückgedrängt, aber das ist nur der erste Moment. Sie formieren sich neu und rücken gestärkt über die Tribüne „Tevero" wieder an. Und die Kämpfe werden wieder aufgenommen, diesmal noch verbissener als vorher. Vor dem

---

87) Aber Achtung, denn wie üblich wusste man alles vorher schon, wie immer ist alles traurigerweise nur logisch und konsequent. Wieder einmal von www.asromaultras.it stammt eine E-mail, die vor dem Derby verschickt wurde: „Wir wissen alle, dass es für das Auswärtsderby für den Gästeblock ein Vorkaufsrecht für Dauerkarteninhaber gibt. Am Mittwoch, dem 16. März 2004 öffneten die Ticketschalter des Olympiastadions von 8.00 – 18.00 Uhr nur für Dauerkarteninhaber des AS Roma, Curva Sud und Distinti Sud. Dies garantierte eine Eintrittskarte für jeden Dauerkarteninhaber. Die Mathematik lässt hier keinen Spielraum: Wenn es in der Kurve 25.000 Plätze gibt und 25.000 Abonnenten, darf ich davon ausgehen, dass, egal wann ich mich am Ticketschalter präsentiere, mich dort meine Eintrittskarte erwartet. FEHLER. Wir sind hier in Italien, wie konnte ich das vergessen? Der Platz vor den Schaltern ist halb leer. Massive Präsenz der Polizia Municipale, der Finanzpolizei und der Carabinieri. Eine kleine Gruppe von Fans mit dem Abo in der Hand und 17 Euro in der Tasche. Absolut und völlig außer sich vor Wut. Warum? Weil es keine Karten mehr gibt, natürlich. Weil die Schwarzhändler vor den Dauerkarteninhabern da waren, weil wir in einem beschissenen Land leben in dem nichts so funktioniert, wie es sollte [...]. *Was wird Sonntag passieren? Da werden sich über tausend Dauerkarteninhaber ohne Eintrittskarte vor den Toren drängeln, berechtigterweise absolut sauer, und auf jede mögliche Art und Weise versuchen, trotzdem ins Stadion zu kommen. Daraufhin werden Beleidigungen, Flaschen, Steine und Tränengasgranaten fliegen. Und die Presse als Sprachrohr der Herrschenden wird Montag wie üblich mit der Schlagzeile aufwarten: ‚Gewalttätige Fans ohne Eintrittskarten versuchen, das Stadion zu stürmen, und zwingen die mobilen Polizeikräfte, die Ansammlung aufzulösen.' Ich könnte kotzen.*" Ich auch. Die Hervorhebungen sind meine.

Stadion rasen Mannschaftstransporter wie ein überdrehtes Karussell im Kreis herum. Die Kurve verschwindet in Tränengaswolken. Die Leute brechen weinend und kotzend zusammen. Die Polizei nähert sich derweil den Treppen zu den Eingängen zu den Tribünen, und im Inneren verbreitet sich die Meldung, dass die Uniformierten in die Kurve wollen. Die Leute haben Angst, unter ihnen sind auch Frauen und Kinder. Mobile Einsatztruppen in der Kurve heißt, Krieg und Schüsse sind dabei nicht ausgeschlossen. Da sind Leute, die sich nicht verteidigen können. Sehr viele verlassen nun die Kurve über die Treppenaufgänge, bereit, die Polizei mit allem anzugreifen, was sich auftreiben lässt. So geht es die gesamte erste Spielhälfte und die Halbzeitpause hindurch weiter.

Und in diesem Klima verbreitet sich die Kunde vom toten Kind. Und wegen dieses Klimas glauben auch alle daran.

Und an der Stelle muss man sich auch die gesamte äußerst raffinierte Leier vom ewigen Konflikt zwischen Staatsmacht und der Linken sparen, ebenso die vom Generationenkonflikt und die vom „subtilen Hass“ und der „Legitimation“, oder davor, die Fälle Raciti und Beva Beccaris[88] zusammenzurühren.[89] Bleiben wir lieber bei den Fällen nur jenes Jahres, da gibt es noch genügend. Ist ein Tag wie jener 21. März 2004 überhaupt möglich? Ist es überhaupt möglich, dass niemand sich

88) A.d.Ü.: Ein für seine Grausamkeit berüchtigter ehemaliger italienischer General, verantwortlich u.a. für die Schüsse auf Mailänder Protestler, die im Jahr 1898 80 Tote und 450 Verletzte forderten.

89) Stefano di Michele, „Ieri sbirri, oggi compagni. Com'è mutevole la sinistra sulla polizia“, *Il Foglio*, 26. Mai 2007. In Bezug auf *Il Foglio* ist jedoch anzumerken, dass man dort am 17. November 2007 den besten Artikel über Ultras veröffentlicht hat, der jemals in einer italienischen Zeitug erschienen ist, Autor ist Lanfranco Pace, „aphasisch und autistisch, aber die Kurve ist ein Stück Wirklichkeit des wirklichen Italien“, „...wenn man unter ihnen weilt, und sei es nur für ein paar Stunden, spürt man dasselbe beängstigende Gefühl, von dem sie jeden Tag über die verschiedenen Tifoserien berichten und das jeden Tag von einem Radio zum nächsten springt: Als ob man sich unter einem unkontrollierten und willkürlichen stählernen Stiefel befindet, der dich befingert und durchsucht – nicht etwa, damit keine Stangen oder Nebelkerzen ins Stadion kommen, sondern vor allem, um zu provozieren und zu erniedrigen; der bedroht, weil er glaubt, selbst damit anzufangen wäre das einzig sinnvolle Mittel der Deeskalation“.

die Frage stellt, wie die öffentliche Sicherheit in Italien organisiert wird? Ist es möglich, dass wirklich niemand sich fragt, ob die einzig mögliche Strategie, die Ordnung in italienischen Stadien aufrechtzuerhalten, die ist, weiterhin zuerst Feldschlachten mit Tausenden Beteiligten auszutragen, danach Erklärungen und moralische Verurteilungen zu veröffentlichen, die falschen Leute zu verhaften und wahllos Stadionverbote auszusprechen? Ja. Das ist möglich.

18
Miseren

Die Zeit vergeht, immer schwerwiegendere Vorfälle folgen aufeinander, aber im Grunde ändert sich nichts: 10. April 2005, man spielt Lazio – Livorno. Ein Hochrisikospiel wegen der hitzigen politischen Rivalität beider Fangruppen, die Lazio-Kurve ist rechtsextrem, die Kurve von Livorno, deren Kern die BAL (Brigate Autonome Livornesi) sind, ist linksextrem. Der 10. April ist der Jahrestag der *Moby Prince*[90] und die Livornesi wollen daran mit dem Transparent *„Moby Prince, 140 Tote ohne Gerechtigkeit. Und die Schuldigen?"* erinnern. Die Polizei nimmt ihnen das Transparent ab, die Grundlage hierfür liefert das Dekret, das ausgerechnet nach dem Banner der Laziali für Arkan erlassen wurde. Das Spruchbanner erscheint nun weder besonders schwerwiegend noch besonders provokant, aber es gibt ja ein Gesetz durchzusetzen: Regeln sind Regeln. Auf der anderen Seite jedoch, in der Nordkurve, wird das Banner „Rom ist faschistisch" entrollt, inmitten diverser Kelten- und Hakenkreuze. Aber. Und das Melandri-Gesetz? Das Dekret? Bürgermeister Veltroni? Pah.

Nach dem Spiel dann die gewohnte „Runde" an Auseinandersetzungen, und am Ende werden die 300 Livornesi am Bahnhof Rom Ostiense in einen Zug verfrachtet und nach Hause geschickt. Am Bahnhof Rom San Pietro zieht irgendjemand die Notbremse und viele der Ultras aus Livorno steigen aus. Nicht einmal ein Hauch irgendeines Lazio-Anhängers. Polizisten hingegen massenweise. Es beginnen äußerst harte Kämpfe, an deren Ende 254 (in Worten: zweihundertvierundfünfzig) Livornesi festgehalten und in zwei römische Kasernen verbracht werden. Für viele Stunden weiß niemand, wo sie sind. Sie

90) A.d.Ü.: 1991 kollidiert das Fährschiff Moby Prince im Hafen von Livorno mit einem Öltanker und gerät in Brand.

werden am folgenden Tag erst freigelassen, man schöpft den vom Gesetzgeber vorgegebenen Rahmen von 24 Stunden also voll aus. Viele erinnern an Bolzaneto.[91] Und wenn man die Leserbriefe unter anderem im *Corriere della Sera* (auch das passiert manchmal) liest, auch nicht völlig zu Unrecht. Misshandlungen, Beleidigungen, Drohungen, Schubser, Stunden ohne Zugang zu einer Toilette, konfiszierte und zerstörte Mobiltelefone... und immer so weiter. Unter den Festgesetzten sind auch zwei Mitglieder der Rifondazione Comunista, die einen Skandal ins Rollen bringen. Die Abgeordneten Mascia und Giordano präsentieren eine traurige Parlamentsanfrage und eine Befragung des Innenministers.[92] Das Resultat ist eine ernüchternde Abfolge von „ist nicht erwiesen", und es ist befremdlich, wie man nicht begreift, dass dieses Fehlen von Antworten seitens der Institutionen letztlich nur die Vorwürfe bekräftigt. Vorwürfe, die hingegen durchaus selbst auch teilweise befangen und parteilich sind und die, wenn man sich mit ihnen denn transparent und ernsthaft beschäftigt hätte, sogar dabei hätten helfen können, die Gewalttäter herauszufinden und zu isolieren, die im Umfeld der Ultras agieren. Aber die Strategie ist immer dieselbe: die Anklagepunkte verschwinden zu lassen. Jegliche Art von Aufarbeitung zu vermeiden.

Schwieriger ist es schon, die Fakten verschwinden zu lassen, vor allem, wenn man im Lauf nur eines Jahres von einem abgebrochenen Derby zum nächsten stolpert: dem Mailänder Champions-League-Derby (Viertelfinale, 12. April 2005). Dieses Mal sind die Ordnungshüter aber wirklich absolut nicht beteiligt. Es handelt sich um eine

---

91) A.d.Ü.: Im „Bolzaneto-Prozess" werden die Übergriffe seitens der Polizei in der Bolzaneto-Kaserne während des G8-Gipfels in Genua verhandelt.

92) http://www.camera.it/_dati/leg14/lavori/stenografici/sed614/bt13.htm; http://gruppi.camera.it/rifondazione/ATTIVITA/interno2/int95.htm

absurde, sinnlose und idiotische Aktion der Inter-Kurve (das Spiel ist praktisch bereits pro-Milan archiviert), die nach einem Inter aberkannten Tor damit beginnt, brennende Bengalos aufs Spielfeld zu werfen. Eine davon trifft den Milan-Torhüter Dida an der Schulter. Der Schiedsrichter unterbricht das Spiel und lässt es später wieder fortsetzen. Es wird eine weitere *torcia* geworfen. Endgültiger Spielabbruch.

Nun könnte man sagen, dass das vor dem Hintergrund dessen, was in den letzten Jahren in italienischen Stadien so abging, nun wirklich nichts Besonderes war. Aber es ist eben das Superderby *de Milan*, die Stadtmeisterschaft in der Champion's League, Medienevent allerhöchsten Ranges mit Millionen Zuschauern auf der ganzen Welt. Zusammengefasst also eine Scheiß-Figur, die der italienische Fußball und das Land Italien da abgegeben haben. Experten und die Medien schießen sich, natürlich, auf die Ultras ein und starten das übliche Spielchen der frei schwebenden Vermutungen. Man brabbelt Verschwörungstheorien, von Strategien und eingeschleusten Akteuren.[93] Alles normal also, und genauso normal hagelt es die mittlerweile schon autistischen Forderungen nach „Null Toleranz", dem – unausweichlich – ein Regierungsbeschluss folgt, diesmal unterzeichnet von Innenminister Pisanu.

Was sieht das Dekret genau vor? Fantastische Dinge, eine wunderbare Revolution des italienischen Fußballs: Elektronische und personengebundene Eintrittskarten, Bannmeilen, Drehkreuze, Stewards und Sitzplätze für die genaue Identifizierung jedes Fans. Ein Sitz, ein Name, ein Gesicht. Wundervoll. Leider alles nur Papier. Die Tatsache, dass überhaupt keine strukturellen Voraussetzungen bestehen, das Dekret auch durchzusetzen, wird fröhlich ignoriert. Überall spielen sich groteske Szenen ab mit nicht enden wollenden Warteschlangen, stink-

---

93) Trotz allem gibt es einen Mailänder Richter, Fabio Roia, der zu den Vorfällen des Euroderbys ermittelt und der in der Zeitung *Il Giornale* erklärt: „Inter ist ein gesunder Verein, äußerst gesund, was wirklich krank ist, ist das San Siro-Stadion, ein löchriges Etwas, in das wirklich alles hineingeschmuggelt werden kann. Das erklärt die 10 Minuten Wahnsinn am 12. April während des Derbys Inter – Milan in der Champion's League."

sauren Fans – und am Ende dann trotzdem alle auf einmal ins Stadion. Was Drehkreuze und „Bannmeilen“ (also eine Art erweiterter Stadionvorplatz) anbelangt, so wird erst einmal ausgesetzt und verschoben. Die Ausnahmen vermehren sich exponentiell. Die personengebundenen Sitzplätze sind ein Witz und die Stewards rein dekorativ. Die Früchte dieser ganzen Schlamperei erntet man dann in Catania im Februar 2007. Aber in der Zwischenzeit laufen auch innerhalb der Welt der Ultras bedeutende Änderungen ab, und es gibt nicht viel Positives zu berichten, denn was passiert, ist nicht nur bitter und schmerzhaft, sondern kriminell und beunruhigend.

Zwei historische Gruppen, zwei respektierte und wichtige Gruppen lösen sich auf. Die Brigate Nerazzurre in Bergamo und die Fossa dei Leoni in Mailand, die älteste von allen. In beiden Fällen kommt es zu einem Prozess der Selbstisolierung von der Kurvenmehrheit – wenn auch in Mailand mit einem reichhaltigen Beiwerk von schäbigen und kriminellen Zwischenfällen – weil man für sich eine Art größerer „Reinheit“ als Ultras beansprucht (was erst noch zu beweisen wäre, sagen die anderen Gruppen beider Kurven, ohne dabei irgendein Blatt vor den Mund zu nehmen).

Es folgen Auseinandersetzungen, Brüche, „zersplitterte Freundschaften“, wie es ein Kommuniqué aus dieser Zeit nennt.

Es gibt nur noch eine Sache, bei der sich noch alle einig sind: die „Blauen“.

Die Polizei wird immer häufiger als „erster Feind“ gesehen, denn auch an dieser Front rutschen die Dinge vom Schlechten ins Unerträgliche ab: Am 24. September 2005, nach dem Spiel Verona – Brescia, fällt Paolo, ein junger Mann aus Brescia, nach Zusammenstößen zwischen Bresciani und der Polizei am Bahnhof Verona Porta Nuova ins Koma. Ein Name, den man in den nächsten Monaten in den italienischen Kurven noch ganz oft hören wird. Den man auch heute noch hört. Sprechchöre, Transparente, Solidaritätsbekundungen. Paolo aus Brescia ist zum Symbol geworden, denn wer an jenem Tag in Verona dabei war, spricht von einem geplanten Vorgehen der Polizeikräfte gegen die Brescia-Ultras und von einem wirklichen Zusammenschlagen, das Paolo ins Koma fallen ließ. Die Polizei entgegnet, dass der junge Mann von einem Stein getroffen wurde, den seine eigenen Kumpel geworfen hätten (diese Version haben wir unter anderen auch schon im Fall Giuliani in Genua gehört). Der Befundbericht des Notarztes spricht jedoch von harten und wiederholten Schlägen, alles andere als ein Stein. Es wird eine Untersuchung eingeleitet, die natürlich wieder eingestellt wird, wenn auch diesmal nicht deshalb, weil der Fall sich nicht zugetragen hätte. Im Antrag auf Einstellung des Verfahrens des stellvertretenden Staatsanwalts wird nämlich in der Tat zugegeben, dass es das „abscheuliche Zusammenschlagen" gegeben hat, es sei aber unmöglich, die Täter zu identifizieren.[94] Es kommt einem der Gedanke, dass das mit Nummern oder Namen auf der Uniform womöglich leichter fiele, aber auf diesem Ohr sind alle taub. Paolo erwacht erst Monate nach dem Vorfall aus dem Koma. Erst nach einer Operation zur Entfernung eines Blutgerinnsels im Schädel.

Zurück zur Auflösung der Gruppen.

Die BNA verabschieden sich an einem Septemberabend des Jahres 2005 nach fast 30 Jahren Geschichte und zahlreichen auch gewaltsamen Zusammenstößen mit dem Rest der Curva, der sich mehr oder weniger vollzählig hinter den Bannern „Bergamo" und „Curva Nord" versammelt.

Ein harter Schlag, ein schlechtes Zeichen, denn wenn es in Italien eine Kurve gibt, über die man – aus der Sicht der Ultras selbstverständlich – nichts Negatives sagen kann, dann ist es die von Atalanta. Immer

94) Der gesamte Fall wurde von der Zeitung *Bresciaoggi* verfolgt und aufbereitet: www.bresciaoggi.it

sehr zahlreich, immer schön anzuhören und anzuschauen, immer aktiv an der Front gegen die Repression, immer bereit zum Kampf, aber in aller Regel ohne Messer und andere Ehrlosigkeiten.[95] Es sollte zu denken geben, dass selbst in Bergamo die Konflikte innerhalb der Kurven zu solchen Konsequenzen führen: Die Politik spielt dabei auch eine Rolle, weil die BNA eine historisch linksgerichtete Gruppierung sind und es in der Kurve von Bergamo immer schon eine Art „doppelter Seele" im politischen Sinne gab. Die linke der BNA und die – äußerst verkürzt dargestellt – „nordistische", der Lega Nord zugewandte, der anderen. Aber im Moment, als der Konflikt eskaliert, scheint Politik nur eine Nebenrolle zu spielen. Die Gräben erwachsen aus einem unterschiedlichen Selbstverständnis als Ultras. Der größte Teil der Kurve steht fest hinter dem Slogan „Nur Atalanta", eine apolitische Ausrichtung, die auch zum Eingehen einiger Kompromisse mit dem Fußballsystem führte, vor allem zur Akzeptanz der Serie B am Samstag. Daher kommt es nach verschiedenen Reibereien zwischen den beiden „Seelen" der Kurve im Sommer 2005 um die Möglichkeit, sich auf Auswärtsfahrten geschlossen hinter ein gemeinsames Banner zu stellen (die BNA wollen auf ihr eigenes nicht verzichten), sogar zu einem Kampf der beiden Fraktionen außerhalb der Curva Pisani vor einem Spiel Atalanta – Triestina. Zuvor war die Brigate nach Zingonia (Trainingszentrum der Mannschaft) gefahren, um den Mannschaftsbus zu blockieren und vom Erreichen des Stadions abzuhalten, um damit – genau – gegen die Verlegung des Spieltags der Serie B auf den Samstag zu protestieren. In der darauffolgenden Woche löst sich die Gruppierung in einem Treffen auf, an dem auch führende Exponenten der Brigate der 70er und 80er Jahre, mittlerweile 50-Jährige, teilnehmen.

Ein bitteres Ende für eine so bedeutende Gruppe. Wirklich schade,

95) „Ehrlosigkeit" („infamata") wird hier im norditalienischen Sinne des Wortes verwendet und bezeichnet also ungleiche Auseinandersetzungen wie viele gegen wenige oder Bewaffnete gegen Unbewaffnete. In Mittel- und Süditalien wird „infame" hingegen verwendet, um jemanden zu bezeichnen, der Kompromisse mit der Polizei eingeht.

dass es in der Welt der Ultras niemals gelingt, das Wort „Ende“ zu schreiben, ohne Kämpfe, Streitigkeiten und Prügeleien.

Aber in jedem Fall sind die Geschehnisse in Bergamo immer noch deutlich weniger trübe und traurig als das, was sich mehr oder weniger zur selben Zeit in der Curva Sud in Mailand zuträgt.

Auch in diesem Fall ist es unmöglich, eine allgemeingültige und von jedem akzeptierte Wahrheit zu rekonstruieren. Was wirklich passiert ist und warum, wird man nie erfahren: Auch wer von den Beteiligten darüber gesprochen hat, tat dies vor allem mit Anspielungen und Halbsätzen, die praktisch nur Eingeweihten verständlich sind.

Versuchen wir, die Fakten zusammenzutragen, wenigstens die sicheren: Für den 29. Oktober 2005 ist das Spiel AC Milan gegen Juve angesetzt, und in der Curva Sud erscheinen über dem Banner der Fossa zwei Fahnen der Viking, eine Gruppe der Juventini, die in der Stadt stark vertreten ist. Wie ich bereits mehrfach erwähnt habe, hat eine solche Geste für die Ultras eine enorme Bedeutung: Wenn du in deiner Kurve Fahnen oder Banner anderer Gruppen aushängst, dann weil du sie im „ehrenhaften Kampf“ erobert hast. Aber in diesem Fall scheint es wirklich anders abgelaufen zu sein. Man weiß nicht genau, wie die Fahnen der Juventus-Fans in die Hände der Fossa gelangt waren. Es scheint, als hätten sie ein paar Ultras von Lecce in der vorhergehenden Woche irgendwo gefunden und hätten sie den Jungs der FDL ausgehändigt. So scheint es.

Vier Tage danach, bei der Rückkehr von der Auswärtstour nach Eindhoven, am helllichten Tag und im Zentrum von Mailand, wird der junge Mann, der das Auswärtsbanner der Fossa bei sich trägt, von elf mit Messern bewaffneten Personen umringt. Das Banner wird entwendet. Und jetzt bricht das Chaos los. Innerhalb weniger Tage werden die Mailänder Wohnungen der Viking von der DIGOS durchsucht. Es vergeht eine Woche, man kehrt aufs Spielfeld und ins Stadion zurück, und alles ist wieder an seinem Platz: In der Mailänder Südkurve hängt das Banner der Fossa und im Delle Alpi schwenken die Viking ihre Fahnen.

Damit ist die Angelegenheit beendet, sollte man meinen. Stattdessen sollte etwas Außerordentliches passieren.

Wenige Tage darauf beginnt sich ein Gerücht zu verbreiten, das genauso unglaubwürdig wie hochexplosiv für die italienischen Ultras ist. Nach einem Treffen zwischen den Köpfen der FDL und einer Abordnung der anderen Gruppen der Curva Sud löst sich die Fossa dei Leoni auf. Und in der Tat erscheint am 16. November das folgende Kommuniqué:

> Offizielles Kommuniqué:
> Die Fossa dei Leoni hat sich aufgelöst.
>
> Wir wollten kein Kommuniqué zu der Angelegenheit Milan Juve herausgeben, denn in solchen Fällen antworten wir normalerweise nicht mit diesen Mitteln und auch diesmal werden wir keinerlei Aussage zu den Vorfällen selbst machen, wir sagen lediglich, dass eine parteiische und bequeme Darstellung zur Unterstellung selbst der niederträchtigsten aller Schandtaten führen kann, nur um sich einen Vorteil daraus zu ziehen [...].
>
> Es ist nicht unsere Absicht, uns mit diesem Kommuniqué gegen die gegen uns erhobenen Vorwürfe zu verteidigen, denn wir sind sicher, dass jeder, der die Ehre hatte, uns kennen zu lernen oder sich mit der Fossa dei Leoni im Kampf zu messen, sich nicht einmal vorstellen kann, dass irgendjemand von uns tatsächlich verantwortlich sein sollte für das, was uns zur Last gelegt wird.
>
> 37 Jahre lang haben alle Mitglieder der Fossa dei Leoni die Werte und den Geist der Gründer geteilt [...].
>
> Heute endet die Geschichte der Fossa dei Leoni, aber in jedem von uns werden diese Werte und dieser Geist, die uns immer ausgezeich-

net haben, lebendig und unerschütterlich weiterleben.
Dank an alle.
Fossa dei Leoni[96]

Was wäre denn diese „niederträchtigste aller Schandtaten“? Sich nach dem Angriff, der zum Raub des Auswärtsbanners führte, an die DIGOS gewandt zu haben. Sich der Hilfe der „Bullen“ bedient zu haben, um den Austausch der Banner/Fahnen mit den Juventini zu erreichen. Denn so lautet die Anschuldigung gegen die Führung der Fossa. So etwas kann man nicht entschuldigen. Aber sie streiten es ab. Die Antwort der Ankläger lässt nicht auf sich warten:

Präzisierungen zur Auflösung der „Fossa dei Leoni“
Niemand ist der Illusion erlegen, dass man sich die Armseligkeit, die Scheinheiligkeit und Infamie wenigstens in der letzten offiziellen Stellungnahme gespart hätte; zu viel davon haben wir schon gesehen, gehört und erlebt. […] Vor dem Hintergrund all dessen, was passiert ist, war die einzige Möglichkeit, die 15 aus der Direktion laut und deutlich aufzufordern, zu verschwinden, weil sie nicht würdig sind, in der Curva Sud zu stehen! [...] Es wurde der Vorschlag unterbreitet, ein neues Präsidium aufzubauen, inspiriert, stolz und mutig genug, diese äußerst traurige Seite ihrer Geschichte abzulösen und dabei, selbstverständlich, den Namen beizubehalten, der Vorbild und Leuchtturm nicht nur der Curva Sud, sondern des ganzen Panoramas war. […] Ganz offensichtlich hat die Arroganz dieser Subjekte tausende treu zu ihrer Fahne stehenden Mitglieder dazu verdammt, dass ohne sie die „Fossa dei Leoni“ zu sterben hätte. […] Für uns alle kommt zum Schmerz um die Auflösung noch das Leiden an zerstörten Freundschaften hinzu. Mit dem Ruf „Poli-

96) Auslassungen sind meine. Das vollständige Kommuniqué findet sich unter: www.fdl.it

tik raus aus den Stadien und Ehre den Rossoneri der Sud" erwarten wir euch.
Brigate Rossonere, Commandos Tigre und alle uns angeschlossenen Guppen[97]

Alle werfen allen alles vor. Und das ist nur der Anfang. Die Fossa antwortet Punkt für Punkt und beharrt auf ihre eigene Unabhängigkeit und ihren eigenen Widerstand. Gegen das Fußballsystem, gegen die Polizeikräfte (der Sprechchor in Verona während der Schweigeminute für die Opfer von Nassirya), gegen den Verein AC Milan und gegen Galliani (die Fossa verweigert sich dem von Fußballvereinen, Ultragruppen und Ordnungskräften unterschriebenen Pakt, um Vorkommnisse beim Champion's League-Finale Milan gegen Juventus in Manchester zu verhindern).

Derweil wird in der Milan-Kurve die Hymne nicht mehr gesungen, die alle italienischen Ultras auswendig kennen („Leoni armati stiam marciando siam la Fossa dei Leon..."), und an der Stelle des berühmten Banners findet sich nun ein anderes, neues, „Guerrieri Ultras", das bei allem guten Willen nicht mal einen kleinen Funken der alten Faszination versprüht.

Schon bald macht das Gerücht die Runde, dass hinter der ganzen Angelegenheit eigentlich andere Gründe stehen, wie das Verhältnis zum AC Milan, politische Hintergründe (die Fossa linksgerichtet, die anderen eher rechts) und vor allem wirtschaftliche Motive: Die Fossa hat 5.000 Mitglieder, die ebenso viele potentielle Käufer von Schals, Hemden und diversen Accessoires bedeuten. Und 5.000 potentielle Käufer von Eintrittskarten und Reisen zu Auswärtsspielen. Alles in allem eine Menge Geld.

Und wie so oft, wenn viel Geld auf dem Spiel steht, landet man auf

97) Auslassungen sind meine. Das vollständige Kommuniqué findet sich unter: comunicatiufficiali.tifonet.it

der Verbrechens- und Unfallseite der Presse. Die Auflösung der Fossa bedeutet nämlich offenkundig nicht das Ende der Probleme der Mailänder Südkurve: Am 17. Oktober 2006 werden in Sesto San Giovanni drei Pistolenschüsse auf einen hochrangigen Vertreter der Commandos Tigre angegeben, der am Bein verletzt wird. Am 25. Januar 2007 wird ein weiterer Ultrà der Commandos Tigre vor dem San Siro, vor dem Spiel AS Roma gegen AC Milan, blutig zusammengeschlagen und durch Schläge und Tritte auf den Rücken und ins Gesicht lebensgefährlich verletzt.

Für diese beiden Vorfälle gibt es Prozesse und Verurteilungen. Aber es gibt immer noch niemanden, der die Wahrheit sagt. Weder die Beklagten noch die Opfer. Und was wirklich in einer der berühmtesten Kurven Italiens passiert, ist nicht zu verstehen. Nicht vollständig, auch wenn man sich ein gewisses Bild durchaus machen kann. Umso mehr, als das – bis jetzt – letzte Kapitel der damaligen Ereignisse im Mai 2007 geschrieben wird, als sieben hochrangige Vertreter der Brigate Rossonere und der neu gegründeten Guerrieri Ultras unter der Anklage – unterstützt durch diverse abgehörte Telefonate – der Erpressung gegen den Verein AC Milan verhaftet werden: Ihr stellt uns keine Karten zur Verfügung, wir werfen Fackeln auf das Spielfeld und ihr bekommt eine Strafe.

Dies ist zusammengefasst der Kern der neueren Geschichte einer der berühmtesten und – einstmals – respektiertesten Kurven Italiens.

Eine elende und schäbige Geschichte, die nur all das allerschlimmste Gerede zur Welt der Ultras bekräftigt, alle diese vereinfachenden und abgenutzten und lästigen Gemeinplätze, die dann offensichtlich gar nicht mal so falsch sind, jedenfalls nicht immer und nicht überall. Fehden, Abrechnungen, Hinterhalte, Schlägereien, Erpressungen, Schutzgelder: Weder die erste Ultrà-Gruppe Italiens noch die rotschwarze Kurve noch die Welt der Kurven im Allgemeinen haben ein solch bitteres Ende verdient.

Aber nicht nur in Mailand verschlimmert sich die Situation in dieser Weise, nicht nur in Mailand wird alles nur noch schlimmer. Am 2. Dezember 2006 (Samstagabend) ist das Spiel AS Roma – Atalanta angesetzt, ein Hochsicherheitsspiel wegen der aufgeheizten und uralten Rivalität der beiden Fanlager. Als im Corso Francia in der Nähe des Olympiastadions Busse mit ca. 1.000 Atalantini eintreffen, springen ungefähr 100-150 Roma-Fans heraus und greifen sie mit Steinen und Papierbomben an. Viele der Atalanta-Ultras verlassen die Busse und es ergeben sich brutale Auseinandersetzungen. Aber die Romanisti sind mit Messern bewaffnet, und drei Fans aus Bergamo werden verletzt, zwei von ihnen nur leicht, der dritte durch einen Stich in den Unterbauch hingegen schwer. Nach Spielschluss weitere Kämpfe zwischen Atalantini und der Polizei. Die Fans aus Bergamo beklagen in den darauffolgenden Tagen nicht nur die „Ehrlosigkeit" der Romanisti, die im Kampf Messer einsetzen (eine unter Ultras auch durchaus bekannte Tatsache), sondern beschuldigen auch die Polizei der prinzipiellen Mitwisserschaft. Sie hätte die Busse in einen vorbereiteten Hinterhalt geleitet und nach dem Spiel erneut angegriffen. Der Versuch, das wieder alles unter den Teppich zu kehren, gelingt diesmal nur teilweise. Denn diesmal reden viele, unter ihnen auch der Lega Nord-Politiker Calderoli, der anprangert, dass sich unter den mobilen Einsatzkräften Roms Polizisten/Fans befänden, die ihre Arbeit nicht so ausüben, wie sie sollten.[98] Am Ende legt sich alles wieder, wie immer. Aber das, was

98) Diese Aussage wird er auch aus Anlass der Zusammenstöße zwischen englischen Fans und der Polizei während des Spiels AS Roma – Manchester United im Februar 2007 bekräftigen: „Das, was den englischen Fans an jenem Abend in Rom widerfahren ist, ist kein Zufall: das ist die Regel... zu viele Tifosi in den Reihen der mobilen Einsatzkommandos der Hauptstadt, die Verhaltensweisen nicht der Ordnungshüter, sondern die von Ultras an den Tag legen." Natürlich spricht Calderoli, weil er an den Fans aus dem Norden „interessiert" ist, vor allem an denen aus Bergamo, die mit den *Celere* aus Rom sowieso noch eine Rechnung offen haben. Aber das ist gar nicht der entscheidende Punkt. Es geht darum, ob Calderolis Aussagen der Wahrheit entsprechen oder nicht. Antworten auf diese Aussagen gab es, natürlich, nicht. Polizeichef Serra erklärte, dass schwarze Schafe nicht unter den Polizisten zu suchen seien, sondern unter den Atalanta-Fans, die wiederum ein Spruchband ausrollten: „Achille Serra. La mela marcia sei tu" („Achille Serra. Das schwarze Schaf/der schimmlige Apfel bist du"). Gefolgt von – und damit ruiniert – einer sinnlosen Beleidigung. Ein

hier am meisten interessiert, ist die Reaktion eines Teils der Ultras, und diese ist wirklich beunruhigend. Zwei Wochen später findet das Spiel Inter – Atalanta statt, und in der Inter-Kurve erscheint – schön groß, sehr gut sichtbar, aber niemand wird es erwähnen – eine ganz klar an die Bergamo-Fans gerichtete Nachricht: „Wenn ihr Boxen wollt, geht in die Sporthalle. Die einzige Regel im Kampf ist, dass es keine Regeln gibt." Nutzlos, darauf hinzuweisen, dass es eine Norm gibt, nach der keine Transpis aufgehängt werden dürfen, die zur Gewalt aufrufen. Nutzlos, anzumerken, dass gemäß der geltenden Normen und Gesetze das Spiel hätte abgebrochen werden müssen. Wo denken wir denn hin. Nach fast 40 Jahren, nach all den Toten, nach all dem Schmerz, ruft die eine Seite aus voller Kehle weiter nach Gewalt, und die andere Seite schaut weg. Und wieder und wieder und wieder. Schlimmer als so könne es kaum kommen, meint man. Aber wieder falsch gedacht.

---

unendliches und blindes mit den Köpfen zusammenrasseln, das seit Jahren andauert und das niemals enden wird.

19
Polizeistadion

Catania – Palermo um 18.00 Uhr

Das sizilianische Derby am 2. Februar wurde von ursprünglich 15.00 Uhr verschoben. Entscheidend war der Widerspruch von Catania Calcio, der einen unvermeidlich geringeren Zuschauerzuspruch beklagte, würde das Spiel während der normalen Arbeitszeiten ausgetragen.

CATANIA, 27. Januar 2007. Die Entscheidung ist endgültig. Das Derby Catania – Palermo, Freitagsspiel am 2. Februar, wird um 18.00 Uhr anstatt wie beabsichtigt um 15.00 Uhr ausgetragen. Dies entschied die Polizeipräsidentin von Catania, Anna Maria Cancellieri, am Ende des heutigen Treffens als Vorsitzende eines Komitees für die öffentliche Ordnung und Sicherheit. Gestern war entschieden worden, das sizilianische Derby besonders früh, um 15 Uhr, beginnen zu lassen, aber der geschäftsführende Vorstand von Catania Calcio, Pietro Lo Monaco, drohte sogar damit, seine Mannschaft nicht antreten zu lassen, um den Forderungen vieler der 15.000 Dauerkarteninhaber entgegenzukommen, die das Spiel sonst nicht hätten sehen können. Ein ungewöhnlicher Protest, drohend formuliert nachdem sich in der Stadt bereits der Unmut der Leute Bahn gebrochen hatte.

Lo Monaco hatte die Motivation des Vereins begründet: „Nichts gegen den Plan, am 2. Februar zu spielen. Man müsste aber am Abend spielen, ansonsten – bei einem für 15.00 Uhr angesetzten Anstoß – wäre ein sehr hoher Prozentsatz unserer 15.000 Dauerkartenbesitzer gezwungen, darauf zu verzichten, uns beim Spiel zu unterstützen. Wir akzeptieren keine schlechtere Behandlung, als durch Normen und Regelungen vorgesehen ist. Die Liga sollte unseren Begründungen Rechnung tragen, ansonsten werden wir nicht auflaufen." Daher die endgültige Entscheidung, das Spiel um 18.00 Uhr beginnen zu lassen und noch eine angemessene Sicherheit zu gewährleisten, handelt es sich doch wegen der historischen Rivalität der beiden Fanlager um ein Hochrisikospiel.[99]

Hier beginnt der Tod von Filippo Raciti. Am 27. Januar 2007. Er beginnt zu sterben, weil der Polizeipräsident einer Stadt, Catania, die ein völlig gesetzwidriges Stadion unterhält, das nicht einmal den elementarsten Sicherheitsstandards entspricht, sich von einem Fußballverein, Catania Calcio, erpressen lässt, der seine Spiele in einem Stadion austrägt, dessen Hausmeister (der in den folgenden Tagen verhaftet werden wird) Hüter der Schlüssel zu allen Sektoren einschließlich des Gästeblocks ist und der gemeinsam mit seinem Sohn (der selbst Stadionverbot hat!) im Stadion lebt und in seiner Besenkammer – *im Inneren des Stadions* – Hockeyschläger, Eisenstangen, Stahlkugeln, Spruchbänder gegen die Bullen, gegen Palermo und andere Teams und verschiedene Kleidungsstücke mit der Aufschrift ACAB (all cops are bastards[100]) aufbewahrt.

In ganz Italien wusste man bestens, was es bedeutet, auf Auswärtstour nach Catania zu gehen. Sowohl für die Fans, die sich Catania-Ultras gegenübersehen, die völlig frei im ganzen Stadion herumflanieren können (und jetzt weiß man auch, warum), als auch für die Spieler, die oft genug im Tunnel zwischen Spielfeld und Umkleidekabinen von Unbekannten bedroht, beleidigt, bespuckt und angegriffen werden. Alle wussten das, außer der Polizeipräsidentin von Catania. Alle wuss-

---

99) http://www.gazzetta.it/Calcio/Squadre/Catania/Primo_Piano/2007/01_Gennaio/27/catania.shtml

100) Die Abkürzung wird in den 80er Jahren in England geboren (als Titel eines Songs der „4Skins") und verbreitet sich zunächst im anarchistischen Umfeld Europas. Erst in den letzten Jahren macht sie sich unter den italienischen Ultras breit.

ten das, außer dem Präsidenten und geschäftsführenden Vorstand von Catania Calcio. Leider haben es, wie immer, alle gewusst und niemand hat etwas gesagt.

Und so spielt man das Derby am Freitagabend um 18.00 Uhr,weil es Sonntagnachmittag nicht möglich ist, denn da sind die Feierlichkeiten für Sant'Agata,[101] die Schutzheilige von Catania. Weil niemand den Mut hat, die bestehenden Regeln oder auch nur den gesunden Menschenverstand durchzusetzen, wird das Derby im Dunkeln anstatt bei Tageslicht ausgetragen. In einer Situation wie der im Folgenden beschriebenen:

> 16.30 Uhr: 90 Minuten vor dem Anstoß drängen sich tausende Personen in der so genannten „Vorfilterungszone" zwischen dem Stadionvorplatz und dem Stadioninneren. „Es gab eine enorme Schlange vor dem Zugang zur Nordkurve", erzählt Sergio, einer der anwesenden Fans, „es war in dem Moment, als man entschieden hat, die Tore zu öffnen. Und alle, fünftausend oder sechstausend Leute, sind ohne irgendeine Kontrolle reingekommen. Mir ist die Dauerkarte nicht gestempelt worden. Nicht einmal an den Drehkreuzen gab es irgendeine Kontrolle, weder durch die Polizei noch durch die Stewards des Stadions."[102]

Klar, dass du an dem Punkt geil darauf bist, die Palermo-Fans wieBekloppte um den Etna rennen zu lassen, damit sie erst zur Halbzeit ankommen. Man erwartet sie, man würde auch bis Mitternacht auf sie warten, und weil es keine Art von Kontrollen gab, erwartet man sie bewaffnet. Und während sie warten, beginnen die Catanesi schon

---

101) Die trotz des Todes von Raciti dann auch planmäßig begangen werden.

102) http://espresso.repubblica.it/dettaglio/Giallo-Raciti-in-curva-Nord/1532388//1

einmal, die Polizei zu attackieren. Dann kommen die Jungs aus Palermo und es steigt das totale Chaos. Im Stadion fliegen Leuchtraketen, Papierbomben der Ultras und Tränengasgranaten der Polizei. Das Spiel wird unterbrochen. Draußen werden derweil die Kämpfe zwischen Catania-Ultras und Polizeikräften immer erbitterter. Die Polizeiwagen ziehen ihre Kreise, und die Ultras werfen ihnen alles Mögliche entgegen. In diesem Tumult trifft einen Chefinspektor der mobilen Einsatzkommandos, Filippo Raciti, zu einem Zeitpunkt zwischen 19.00 und 19.10 Uhr ein Schlag, der ihm eine Lebervene zerreißt. Aber er bekommt davon nichts mit. Weder er noch irgendjemand sonst. Raciti bleibt an seinem Platz und nimmt sogar an einem Angriff teil. Eineinhalb Stunden später bricht er zusammen und stirbt um 22.10 Uhr.

Die Bilanz des Abends zählt stundenlange Guerillakämpfe, Sachschäden jeglicher Art, einen toten Polizisten und ungefähr 90 Verletzte (62 Polizisten, 25 Fans). Irrsinnig. Ein Krieg. Die Meldung und die Fotos der Schlacht von Catania finden sich am Tag darauf in allen Zeitungen der Welt. In viel weniger Zeitungen werden sich später dann Berichte über die schleppend verlaufenden Ermittlungen finden, über die für den Totschlag Verdächtigen, die nicht gefunden werden (außer dem üblichen Minderjährigen, den man der Öffentlichkeit natürlich sofort präsentiert), und selbstverständlich über die Todesursache, die man nicht klar angeben kann: Erst eine Papierbombe (mehr als glaubwürdig); dann, als man bemerkt, dass keine Papierbombe im Spiel war, die Teile eines Waschbeckens; dann findet der Anwalt der Verteidigung ein Gesprächsprotokoll, datiert drei Tage nach dem Tod Racitis, in welchem ein Polizist aussagt, er hätte einen Kollegen mit seinem Discovery angefahren, jenem gepanzerten großen Jeep der Polizisten. Und die Ermittler des RIS[103] Parma entdecken – während sie erbarmungslos die Hypothese vom Waschbecken zerlegen – blaue Farbreste auf Raci-

103) A.d.Ü.: Reparto Indagini Scientifiche, die Spurensicherung

tis Stiefeln, die von der Karosserie eines Discovery-Jeeps zu stammen scheinen.[104]

Vier Monate später, im Juni 2007, wird die Mordanklage gegen den 17-jährigen Untersuchungsgefangenen fallen gelassen. Für ihn sind das nicht einfach vier Monate: Es sind vier Monate *im Gefängnis* und für die Öffentlichkeit ein Mörder. Ihm bleibt noch die Anklage des Widerstands gegen die Staatsgewalt (Und man lässt ihn erst im Juli frei. Um das Gesicht zu wahren, hat man den Jungen unberechtigt in der Zelle festgehalten). Für den Totschlag an Raciti gibt es nun keine Verdächtigen mehr.[105]

Jedenfalls wird man nie mehr erfahren, was genau passiert ist, aber auch unabhängig vom Unbehagen angesichts der „Durchführung" (die Anführungszeichen sind hier notwendig) der Ermittlungsarbeiten ist es auch völlig unerheblich, wie Raciti „technisch" nun wirklich gestorben ist: Raciti ist gestorben, weil in Catania Krieg herrschte. Ob das nun infolge von *friendly fire* geschah oder gegnerischen Beschusses, ist nicht wirklich wichtig und wird den Streit nicht schlichten. Er ist gestorben, weil das statistisch früher oder später einfach passieren musste. Zu viele Auseinandersetzungen zwischen Ultras und Staatsgewalt, zu viele Gewalttäter, seit zu langer Zeit.

Unter den Ultras führt der Tod Racitis zu Diskussionen, und er teilt sie: Es gibt die, welche mit einem Willen, der an anderer Stelle vielleicht noch besser aufgehoben wäre, immer noch das Mögliche zu retten versuchen, die Wogen ein bisschen glätten wollen, die ernsthafte Gesprächspartner suchen, die irgendwie „verhandeln" wollen. Und dann gibt es noch die, welche den Tod Racitis hingegen als etwas

---

104) http://espresso.repubblica.it/dettaglio/Raciti-la-pista-e-blu/1629114

105) A.d.Ü.: Am 09. Februar 2010 wird der zum Tatzeitpunkt minderjährige Antonio Speziale zu 14 Jahren Haft wegen Totschlags verurteilt. Ein Urteil, das die Ultras nicht eben gelassen aufnehmen: Der Polizist, der im November 2007 den Lazio-Ultrà Gabriele Sandri erschossen hat, büßt für diese Tat mit nur 6 Jahren Freiheitsentzug. „Die Uniform hat ein spezifisches Gewicht" wird man sagen.

ansehen, das durchaus in Ordnung ist, das irgendwie dazugehört, das passieren konnte und das, wenn es denn schon passieren muss, dann lieber denen als uns. Man wartet einfach darauf, wen es denn trifft. Polizei der größte Feind. Catania einer weniger. In der römischen Südkurve drehen viele während der Schweigeminute den Rücken zum Spielfeld; in Turin (Toro) singt man.[106] Nur, um einmal das Klima wiederzugeben.

Aber unabhängig von den „ideologischen" Standpunkten erwarten nun alle das Schlimmste, eine entschieden härtere Gangart. In Italien bringt man keinen Polizisten mit zwei Kindern um, ohne dafür zu zahlen, teuer dafür zu zahlen. In Italien wahrscheinlich nicht. Im italienischen Fußball hingegen sehr wohl. Denn während alle davon überzeugt sind, dass ein hartes, flächendeckendes und – diesmal – effizientes Durchgreifen praktisch unvermeidbar ist, beginnen der Staat und das Fußballsystem, sich zu fügen – zum x-ten Mal. Im Übrigen wird dies nach dem „Calciopoli"-Skandal dann völlig drangegeben, und die aktuelle Regierung widmet sich ganz anderen Dingen oder Interessen.

Nach Catania wird die Gesetzgebung für Straftaten in Bezug auf Widerstand gegen die Staatsgewalt, Schlägereien, Sachbeschädigungen, das Werfen von Objekten oder „pyrotechnischen Erzeugnissen" noch weiter verschärft. Aber weil man sie sowieso niemals durchsetzten kann, ändert sich unter diesem Blickwinkel überhaupt nichts.

Die Ausnahmeregelungen und Teilaufschiebungen des Pisanu-Dekrets in Bezug auf die Stewards, die Sicherheitsbereiche, die personengebundenen Eintrittskarten und Drehkreuze werden aufgehoben. Und so kann man in den Monaten Februar und März ein furioses Ballett aus Vergitterungen, Absperrungen, Forderungen nach einem Aufschub der

106) Anders als es damals den Tifoserien „kleinerer" Mannschaften erging, die ihren Unmut während der Schweigeminute für die Toten von Nassirya bekundeten, wird diesmal gegen die beiden – keinesfalls „kleinen" – Vereine keinerlei Sanktion ausgesprochen. Hass und Ressentiments zu säen scheint fast eine Strategie geworden zu sein.

Aufhebung des Aufschubs und massenhafte Einstellung schnell improvisierter Stewards den Stiefel hinauf und hinunter rasen sehen. „Den Normen entsprechen“ wird zum Imperativ. Glücklicherweise gibt es Stadien, die schon völlig gesetzeskonform sind. So wie das Olimpico in Rom, für welches ein Reporter der Fernsehshow *Le Iene* dann auch überhaupt nicht das geringste Problem hat, auf Karl Marx und Alessandro Volta[107] ausgestellte Eintrittskarten zu erwerben. Glücklicherweise gibt es Stadien, die in kürzester Zeit gesetzeskonform gemacht werden. Wie das San Siro, das ein weiterer Reporter der *Iene* völlig problemlos mit einem nicht auf seinen Namen ausgestellten Ticket betritt: durch das einzige funktionierende der – um eine drohende Sperrung zu vermeiden – über Nacht errichteten 24 Drehkreuze. Die übliche Farce also. Aber wenn man sich die strukturelle Situation der italienischen Fußballstadien anschaut, hätte sich nicht einmal etwas geändert, wenn die Durchsetzung all dieser Bestimmungen denn funktioniert hätte: In Italien ist jegliche wirkliche Verbesserung nämlich schon allein dadurch ausgeschlossen, weil keiner der Fußballclubs Eigentümer eines eigenes Stadions ist. Leider kosten Stadien Geld. Sie kosten ungefähr 1.000 Euro pro Platz, das heißt, ein Stadion für 40.000 Besucher kostet ungefähr 40 Millionen Euro. Wenn man das mit den Spielergehältern vergleicht, scheint das keine unerreichbare Summe.

Zu den nach der Tragödie von Catania getroffenen Vorkehrungen gehört auch, die Karten für Auswärtsfans nicht mehr „en bloc“ zu verkaufen, um Fußballfans von Auswärtsfahrten abzuhalten. Diese Regelung unterstreicht zumindest eines, nämlich dass die Entscheidungsträger nicht die geringste Ahnung davon haben, was Ultras und Fußballfans generell eigentlich sind. Als ob so etwas irgendjemanden abhalten könnte. Völlig klar, dass jemand, der ein Auswärtsspiel be-

107) A.d.Ü.: 1827 verstorbener italienischer Physiker, Erfinder der Batterie und Mitbegründer des Zeitalters der Elektrizität.

suchen möchte, sich die Karten dann eben auf einem anderen Weg besorgt, über das Internet oder vor Ort. Und als Ergebnis gibt es oft genug noch mehr Ärger als vorher.

Und schließlich, jedenfalls was die Verwaltung dessen angeht, was im Stadion passiert, wird alles in die Hände der Nationalen Beobachtungsstelle für Sportveranstaltungen (*Osservatorio nazionale sulle manifestazioni sportive*) gelegt, eine Abteilung des Innenministeriums und der Polizei, die vom seinerzeitigen Vize-Polizeichef und ab Juli 2007 dann Polizeichef Antonio Manganelli geleitet wird.[108] Am 8. März 2007 legt das Osservatorio dann den Grundstein für das Gesetz:

> 1) Es ist verboten, jegliche nicht ausdrücklich autorisierten Spruchbanner oder damit vergleichbares Material, auch als Bestandteile von Choreografien, in jedwede Sportstätte mitzubringen.
> 2) Es sind außerdem Trommeln und andere Lärm erzeugende Gegenstände (z.B. Megaphone) verboten.
> 3) Im Rahmen der von den Vereinen festzulegenden Bestimmungen wird es möglich sein, Banner mitzubringen und aufzuhängen, welche Texte zur Unterstützung der eigenen Mannschaft für das stattfindende Spiel beinhalten, wenn dem Verein ein entsprechendes Gesuch mindestens sieben Tage vor dem Spiel eingereicht wird [...]. Dieselbe Regelung gilt auch für Fahnen mit Ausnahme solcher, die ausschließlich die Farben des eigenen Vereins tragen oder, im Fall von internationalen Begegnungen, die Farben der teilnehmenden Nationen[...].
> 4) Die zuständige Polizeidienststelle wird nach einer entsprechenden Prüfung des zur Verfügung stehenden Platzes die Vereine infor-

108) Diese angesprochene Beobachtungsstelle – im Moment unter dem Vorsitz von Felice Ferlizzi – ist ganz offensichtlich ein hervorragendes Karriere-Sprungbrett. Vor Manganelli fungierte als Leiter des Osservatorio ein gewisser Francesco Tagliente, der später zum Polizeipräsidenten von Florenz befördert wurde, als welcher er dann natürlich sofort eine harte Kampagne gegen die Ultras der Fiorentina startete.

mieren: Sie wird dann auf der Basis der entsprechenden Dokumentation die Meinung der betroffenen Institutionen (z.B. Feuerwehr) einholen und wird mindestens fünf Tage vor dem angesetzten Spiel den Vereinen die Erlaubnis erteilen. Die entsprechende Erlaubnis wird unter der Voraussetzung erteilt, dass a) der die Anbringung oder Realisierung der Choreografie Beantragende identifiziert wurde; b) zur beantragenden Gruppe keine Personen gehören, gegen die ein Stadionverbot ausgesprochen wurde;[109] c) es keine Gründe der allgemeinen Sicherheit gibt, die ein Verbot begründen; d) es keine Gründe in Bezug auf die Sicherung der körperlichen Unversehrtheit des Publikums und des Brandschutzes gibt, die ein Verbot begründen.

5) Die Erlaubnis kann auch für eine gesamte Saison erteilt werden: Sie wird entzogen, wenn gegen eines oder mehrere Mitglieder der beantragenden Gruppe ein Stadionverbot verhängt wird oder sie für Unruhen verantwortlich sind oder sie gegen die Stadionordnung verstoßen haben.

6) Es ist in jedem Fall verboten, Materialien auszustellen, die aufgrund ihrer Größe die Sicht anderer Stadionbesucher in einer Art behindern, die diese zu einer aufrechten Körperhaltung zwingt.

7) Der ausrichtende Verein, dem die Überwachung der Einhaltung der vorliegenden Bestimmungen obliegt, wird der beantragenden Person oder Gruppe die Entscheidung kommunizieren. In jedem Fall sind folgende Maßgaben einzuhalten: a) das autorisierte Material muss mindestens eine Stunde vor Öffnung der Tore in die Ausrichtungsstätte gebracht werden, hierfür muss ein spezifisches Einlasstor benannt werden; b) nach der Öffnung der Einlasstore für das allgemeine Publikum wird kein Einbringen von Material, auch autorisiertes, mehr gestattet; c) die Banner dürfen ausschließlich

109) Was bedeutet, dass keine italienische Ultrà-Gruppe jemals die Voraussetzungen erfüllen könnte.

an den dafür vorgesehenen Plätzen angebracht werden, es obliegt dem Verein, die Einhaltung sämtlicher Maßgaben sicherzustellen; d) das Anbringen von anderem als dem autorisierten Material führt zur sofortigen Entfernung desselben und dem Verweis des oder der Fans aus der Sportstätte. Gegenüber den verantwortlichen Personen kann ein Stadionverbot ausgesprochen sowie jegliche ggf. weitere Autorisierung zurückgezogen werden; e) wenn das Publikum die Sportstätte verlassen hat, muss das Material entfernt und über den auf der Autorisierung angegebenen Ausgang wieder herausgebracht werden. Die oben beschriebenen Regelungen treten mit Datum vom 30. März 2007 in Kraft.

Das war lang und äußerst langweilig, aber musste unbedingt einmal Punkt für Punkt durchgegangen werden, um die ganze Situation wirklich zu begreifen. Denn sonst würde man das alles gar nicht für möglich halten.

Zusammengefasst: Weil alle sagen, dass wir das englische Modell durchsetzen müssen, und weil es in England keine Banner, Megaphone und Trommeln gibt, verbieten wir also Banner, Megaphone und Trommeln, und schon haben wir es, das englische Modell. Ganz einfach. Logisch. Unglaublich, dass niemand vorher daran gedacht hat. Das alles unter dem einhelligen Konsens von Politikern, Journalisten und Experten, ohne dass es irgendjemanden mit einer minimalen Öffentlichkeitswirkung gegeben hätte, der das Fingerchen erhebt und sagt, dass dieser ganze Mist absolut nichts zählt. Niemand. Alle sind davon überzeugt, dass die Entfernung von Bannern, Megaphonen und Trommeln die Gewalt eingrenzen würde. Wir haben „Julia ist ne Schlampe“[110] (Neapel – Verona) und „Ihr aus Como/mit Männern,

110) A.d.Ü.: „Giulietta è ‚na zoccola“ Gemeint ist natürlich Julia aus „Romeo und Julia“, die Geschichte spielt in Verona.

wir mit Frauen“[111] (Como – Fiorentina) aus den Stadien verbannt. Wir haben das „Wir sind alle Friseure“[112] der Roma-Fans in Florenz aus den Stadien verbannt, das diese aufgehängt hatten, als im Jahr 2001 das Spiel Fiorentina – Roma auf den Montag verschoben wurde, um die Zahl der Auswärtsfans zu begrenzen (die dann trotzdem in 8.000 erschienen). Oder das „Wir haben nichts besseres zu tun“[113] der drei Fans von Chievo Verona im Auswärtsblock in Reggio Calabria an einem Mittwochnachmittag. Wir haben aus den Stadien das letzte bisschen verbannt, was es da überhaupt noch zu lachen gab. Herzlichen Glückwunsch. Das war nötig.

Es ist ein absolutes Rätsel, wie man nach so vielen Jahren immer noch nicht verstehen kann, dass Banner, Trommeln und Megaphone Teil eines „Stils“ sind, des Stils des größten Teils der Ultras Italiens, und dass sie überhaupt gar nichts mit Gewalt zu tun haben. Zudem sind es die Polizeipräsidien, welche die Regelungen durchsetzen sollen, mit den so unausweichlichen Ungerechtigkeiten und Absurditäten aller Couleur.[114] Völlig klar, dass man sehr bald den Rückwärtsgang einlegt

---

111) A.d.Ü.: „Voi co'maschi, noi co' le femmine“ Das Wortspiel lässt sich leider nicht übersetzen: Comaschi ist die Bezeichnung für Einwohner der Stadt Como, aber im Dialekt auch die Entsprechung für con maschi – mit Männern.

112) A.d.Ü.: „Semo tutti parrucchieri“. Die Anspielung gilt der Tatsache, dass die meisten Friseursalons montags geschlossen haben.

113) A.d.Ü.: „Non abbiamo un cazzo da fare“ Die Entfernung zwischen Verona und Reggio beträgt immerhin 1.200 km!

114) Um nur mal zwei zufällig ausgewählte zu nennen: In Rom fangen sich drei Jungs ein Stadionverbot ein, weil sie ein Banner mit der Aufschrift („Uns ist das Fax kaputt gegangen“/Ce s'è rotto er fax“) ins Stadion gebracht und aufgehängt haben, eine schöne Verarschung des Versuchs der Verbürokratisierung der Kurven, die zum Beispiel erfordert, eine Anfrage für die Autorisierung eines Banners per Fax (!) einzureichen. In Rimini erreicht man aber das vollständige Delirium: Die Fans beantragen die reguläre Autorisation eines Transparents in Erinnerung an einen zehn Jahre vorher verstorbenen Fan: „Caruso in unseren Herzen“. Die Autorisierung wird versagt. Die Ultras aus Rimini organisieren einen spontanen Protest, wütend aber auf keinen Fall gewalttätig. 28 Stadionverbote. Der Skandal erreicht ein Ausmaß, dass sogar die Journalisten darauf aufmerksam werden und das Stadion mit einem Shirt in Erinnerung an Marco Caruso betreten.

und ganz schnell wieder alles in totale Anarchie verfällt.[115] Aber wenn man sich anstrengen will, ein Bild zu erkennen, einen Plan, irgendetwas Rationales, könnte man sich vorstellen, dass die Institutionen glauben, auf diese Art auf die lange Distanz die Ultrà-Bewegung zu schwächen, ihr Kraft und Attraktivität zu nehmen. Wer weiß, vielleicht ist das wirklich die Motivation dahinter. Falls ja, herzlichen Glückwunsch.

Hätte man wirklich entschieden und wirkungsvoll handeln wollen, wäre eine einzige Maßnahme völlig ausreichend gewesen: Den Verkauf von Eintrittskarten bis zum Saisonende zu verbieten, bis alle Stadien wirklich den Normen entsprechen. Zugang nur für Dauerkarteninhaber, von denen man die Daten besitzt. Das hätte jegliche Auswärtsfahrt unmöglich gemacht, ohne absurde Hürden zu errichten, und hätte die Fußballclubs und die Kommunalverwaltungen gezwungen, sich ernsthaft mit ihren Sportstätten zu beschäftigen. Und vor allem hätte man ein deutliches Signal gesetzt, dass man es diesmal endlich wirklich ernst meint.

Aber das ist ja nicht so, man macht nicht wirklich ernst, denn am Ende zahlt niemand, nicht einmal für Raciti. Es zahlen keine Politiker, keine Verwalter, es zahlen keine Fußballvereine, und so zahlen nicht einmal die Gewalttäter. Denn das System bleibt unverändert, und den Gewalttätern geht es in diesem System ganz prächtig.

Und so findet zwei Monate nach dem Tod Racitis der haarsträubende Abend des Spiels AS Roma gegen Manchester United statt, mit verschiedenen englischen Fans, die außerhalb des Stadions durch Messerstiche verletzt werden, und einer gigantischen Schlägerei in der

115) Eigentlich hat man schon damit begonnen: Das Saisonende 2006/07 war in verschiedenen Spielklassen (Genua – Neapel in der Serie B, Avellino – Foggia in der Serie C1) von absolut illegalen, wenngleich fröhlichen Platzstürmungen charakterisiert. Niemand hat irgendetwas gesagt, und es wurden auch keinerlei Sanktionen erlassen; trotzdem hat die Beobachtungsstelle erklärt, die Situation hätte sich normalisiert, der Notstand wäre beseitigt und deshalb würde die Entscheidung über die Anstoßzeiten wieder in die Hände der Liga zurückgegeben, außer natürlich im Fall wichtigster Motive der öffentlichen Ordnung. Herausragend.

Curva Nord zwischen englischen Supportern und der italienischen Polizei. Aber Manchester United ist kein Atalanta oder Sampdoria, Mannschaften, deren Fangruppen im römischen Olympiastadion dieselbe Behandlung wie die Engländer erfahren haben, allerdings in aller Stille. Manchester United ist eine Mannschaft aus einem Land, in dem es Zeitungen gibt. Und die Zeitungen, wie es ihre natürliche Aufgabe sein sollte, informieren, selbst wenn dies Staub aufwirbeln könnte. Die vulgäre *Sun*, genau wie der vornehme und demokratische *Guardian* und die angesehene *Times* wirbeln äußerst viel Staub auf. Alle berichten mehr oder weniger dasselbe: Die im Olimpico eingesetzte Polizei wird offen der Brutalität und mangelhafter Vorbereitung beschuldigt. Unsere Politiker ducken sich weg und warten, dass der Sturm vorübergeht (was er dann auch tatsächlich tut), die italienischen Zeitungen „berichten" höchstens, stellen sich aber flächendeckend offen hinter die Arbeit der Polizei.

Zum Glück stellt sich zur Verteidigung der Ehre der Nation immer noch die ebenso unsägliche wie unzerstörbare Figur des seinerzeitigen Polizeichefs der Hauptstadt, Achille Serra, auf. Praktisch zum Symbol des Kampfs gegen die Ultras geworden, kommentiert er in einer Pressekonferenz, die auf tiefschürfenden Konzepten wie „besoffene Engländer" und „unter der Uniform steckt ein Mensch" aufgebaut ist, auf vollkommen willkürliche Weise das Video der Zusammenstöße und rekonstruiert die Geschehnisse unter völliger Missachtung der Bilder, die hinter seinem Rücken an die Wand projiziert werden. Vor Journalisten, die womöglich sprachlos, aber mit Sicherheit stumm sind.

Auf der anderen Seite ist die Interpretation des Präfekten[116] – dem als mildernder Umstand trotzdem zugutegehalten werden muss, dass er die Situation gegenüber der Öffentlichkeit praktisch allein abfedern

116) Seit dem 3. September 2007 ist Serra nicht mehr Polizeipräsident Roms, sondern ein hochrangiges Mitglied der Kommission für die Vorbeugung und Bekämpfung der Korruption und anderer Vergehen in der öffentlichen Verwaltung.

muss – zu dem, was außerhalb von und in den Stadien passiert, schon immer einigermaßen originell. Zum Beispiel als er, getrieben vom Wunsch, „nicht aufzubauschen“ (und man weiß nicht genau, ob er die Ereignisse nicht aufbauschen will oder den Fakt, dass die Täter niemals gefasst werden), die wiederholten Messerstechereien während eines römischen Derbys (29. April 2007) mit diesen Worten kommentiert: „Es gab ein paar Messerspitzen zu viel gegen ein paar Hintern, aber es handelt sich um Verletzungen, die in wenigen Tagen verheilen“. Ah. Na dann. Nichts Schlimmes also. Nichts, worüber man sich Sorgen machen muss.

Worte, die man schon gehört hat. Verhaltensweisen, die man schon gesehen hat. Fehler, die man schon gemacht hat. Aber man lernt niemals etwas daraus, und man erinnert sich nie an etwas. Also warten wir ab, ohne Vertrauen. Bleiben Sie ganz ruhig, Herr Polizeipräsident Serra. Früher oder später wird irgendjemand genauer zielen. Das war schon immer so.

In der Zwischenzeit zielt, leider, ein Polizist besonders gut, der mit „nicht entschuldbarer Leichtsinnigkeit“ (so die Worte des Polizeichefs) am Morgen des 11. November 2007 auf ein Auto schießt, das nach einem Streit gerade eine Autobahnraststätte auf der Autostrada del Sole verlässt, und einen jungen Mann von 28 Jahren, Gabriele Sandri, tötet.

Nachwort?

> Freunde von Gabriele […] gebt der Gewalt keinen Raum, nicht einmal der verbalen, und isoliert diejenigen, die mit ihren kriminellen Verhaltensweisen dafür sorgen, dass die Tragödie von Gabriele hinter den „Sachschäden an Mülltonen“ verschwindet.
>
> PATRIZIA MORETTI, Mutter von Federico Aldrovandi, gestorben mit 18 Jahren am 25. September 2005 während einer Polizeikontrolle in Ferrara.[117]

Nein, es gibt kein Nachwort. Es gibt keinen tröstlichen Schluss, niemand hat gewonnen und niemand hat verloren, und die Geschichte hat keine Moral. Es ist hier nicht beendet. Noch nicht.

Nach der Tragödie von Catania, ohne Spruchbänder, ohne Megaphone, ohne Trommeln, mit Auswärtsfahrtverboten, die praktisch immer bestrafend ausgesprochen werden und nicht präventiv, wie es das Gesetz eigentlich vorgesehen hatte, mit Sperrungen der Kurven je nach Stimmung, die im *Osservatorio* gerade herrscht, gibt es die Ultras immer noch. Viele Gruppen haben sich aufgelöst, richtig, aber das Wesen hat sich sicher nicht gewandelt. Im Gegenteil: Die, welche es nicht mehr aushalten, die auf die eine oder andere Art aufgeben, sind meist die mit dem größeren Bewusstsein, die „Verantwortlicheren“. Und in der Tat gibt es weiterhin Risikospiele und Kämpfe (wie Genoa – Sampdoria und Juventus – Torino vom Herbst 2007 bezeugen). Der Hass und die Wut auf die Polizei sind weiter gewachsen – und auf eklatante Weise am 11. November 2007 explodiert, nachdem Gabriele Sandri durch die Hand eines Agenten der Polizia Stradale auf einem Autobahnrast-

117) http://federicoaldrovandi.blog.kataweb.it/

platz der A1 starb, als er zum Spiel Inter gegen Lazio unterwegs war. Der „kolumbianische Sonntag“, den dieses Land am 11. November erlebt hat, war einer der tiefsten und bedrückendsten Momente der Geschichte dieser Republik, so dass ihr Präsident Napolitano schnellstens erklären musste, dass „dies nicht das Bild Italiens“ sei. Vielleicht hat er ja sogar recht, aber sicher ist, dass wir an jenem Nachmittag Zeugen einer dramatischen Demonstration der Machtlosigkeit der Institutionen und einer ebenso dramatischen Demonstration der Dummheit eines Teils der Ultrà-Bewegung geworden sind, die sich zu Gewalttaten hinreißen ließ, die nicht nur kriminell, sondern zudem aus politischer und medialer Sicht äußerst schädlich waren (besonders in Rom; Bergamo war ein anderer, verständlicherer Fall. In Bergamo wollte man nur den Spielabbruch). Weil sie so dem „System“ den bestmöglichen Vorwand, die tatsächliche Situation zu verkehren, auf einem Silbertablett reichte. Und in der Tat: Weil ein Polizist geschossen und einen Fan getötet hat, wurden weitere Maßnahmen gegen die Ultras ergriffen. Weil ein Polizist geschossen und einen Fan getötet hat, werden erneut Auswärtsfans unterschiedslos aus den Stadien ausgesperrt. Weil ein Polizist geschossen und einen Fan getötet hat, werden einmal mehr die Strafen gegen die Ultras verschärft.

Alles wiederholt sich unerbittlich immer wieder.

Zudem darf man sich von den Institutionen, diesen Institutionen, keine sinnvolle Antwort erwarten. Allerhöchstens eine Reduzierung der Zahl der in den Stadien eingesetzten Polizeikräfte, was wenigstens schon einmal ein Ergebnis wäre. Man muss aber darauf hinweisen, dass sich nach Sandris Tod vielleicht etwas in der Medienwelt zu bewegen begonnen hat, die endlich darauf gestoßen ist, dass es in Italien ein Problem mit der öffentlichen Ordnung und Sicherheit gibt. Vielleicht hat sich in der Welt des Fußballs etwas in Bewegung gesetzt. Vielleicht wird langsam klar, dass wir keine Zeit mehr haben (wenn wir sie denn jemals hatten) für halbherzige Kompromisse, für Oberflächlichkeit, für bequeme Lösungen und die ganzen „ja aber". Dass man einfach nicht mehr weitermachen kann mit diesem wahllosen Krieg gegen eine ganze Welt, die Welt der Ultras, anstatt die einzelnen für Verbrechen und Gewalttaten Verantwortlichen zu verfolgen. Dass es nicht mehr möglich ist, das Problem zu lösen zu versuchen, ohne dass alle Beteiligten irgendetwas dazu beitragen.

Und wir werden auch sehen müssen, ob sich innerhalb der Welt der Ultras selbst noch irgendjemand findet, der einen möglichen, einen realistischen Ausweg suchen will, um diese „freie und wahrhaftige" Welt am Leben zu erhalten, die – auch wenn sie Ärger bereitet – einer der wichtigsten Orte der Zusammenkunft für junge Menschen im Italien der letzten 40 Jahre war. Oder ob es am Ende keine Alternative gibt zwischen dem Ende der Ultras und der Gewalt, dem Hass auf die Polizei und das daraus folgende Abdriften in die Kriminalität.

Aber wenn man neue Tragödien und neue Ungerechtigkeiten verhindern will, die schon hinter der Ecke lauern, müssen wirklich alle, die mittlerweile mit dem Phänomen des Supports im Fußball beschäftigt sind (Ultras, Ordnungshüter, politische und fußballerische Institutionen), endgültig ihre Mentalität ändern und damit aufhören, das Problem als etwas anzusehen, das sie nicht direkt betrifft; damit aufhören, sich als Hüter der einzig möglichen Wahrheit zu begreifen und *die anderen* als zu schlagende Feinde zu betrachten, die keinerlei Legitimität und keinerlei Rechte haben.

Leider kommen die wahrsten und eindrucksvollsten Worte, um diese Geschichte zu beenden, weder aus der Welt der Ultras noch der des Fußballs oder der Institutionen.

Wir brauchen Wahrheit und nicht Gewalt. Worte der Mutter von Federico Aldrovandi, ein weiterer auf absurde Weise zu Tode gekommener Junge, der aber überhaupt nichts mit den Ultras zu tun hatte.

Wir brauchen Wahrheit und nicht Gewalt. *Serve verità, non violenza.*

Vier Worte nur, scheinbar banal, scheinbar selbstverständlich, die wir aber in diesen letzten 40 Jahren noch nie gehört hatten.

Wir brauchen Wahrheit und nicht Gewalt. Und dem ist nichts hinzuzufügen.

Danksagungen

Dieses Buch wäre niemals begonnen worden ohne das ernsthafte Interesse und den Enthusiasmus von Gino Cervi und den Freunden des Blogs „em bycicleta“ (quasirete.gazzetta.it) und wäre niemals beendet und veröffentlicht worden ohne das anregende und teilnahmsvolle Vertrauen von Stefano Tettamanti und Enrico Recca.

Schlussendlich wäre dieses Buch nicht einmal vorstellbar gewesen ohne die Kurve der Stadt, in der ich aufgewachsen bin und lebe, und ohne die Tausenden Jungs, die diese Kurve in den letzten 30 Jahren mit ihrer Leidenschaft gefüllt haben. Ich hatte das Privileg, mit ihnen gemeinsam einige der schönsten und hässlichsten Tage meines Lebens zu verbringen.

Danke euch allen.

FREIHEIT FÜR MACIEK

FREIHEIT FÜR MACIEK

© 2019 Burkhardt & Partner Verlag
ISBN 978-3-940159-40-3
220 Seiten / DIN A5 / Softcover

Preis: 11,90 EUR

Erhältlich unter blickfang-ultra.de

„Polizei! Aufmachen! Aufmachen, oder wir brechen die Tür auf!"
Der Krach von draußen war ohrenbetäubend. Irgendwer schlug unaufhörlich gegen die Tür, als wäre es ein Boxsack. Wie ein wilder Stier, der, den De Niro einst im gleichnamigen Film gespielt hat. Im ersten Moment glaubte ich alles nur zu träumen. Ich konnte keines der Worte verstehen, sondern hörte nur abartigen Krach. Träume sorgen so manches Mal für unerschütterliche Strömungen und führen dazu, dass du nicht in der Lage bist dich auf Einzelheiten zu konzentrieren. Du weißt, da ist Lärm, bemerkst das Dröhnen und die Schreie. Du versuchst auf Krampf aus dem Traum zu erwachen oder eben die Geschichte, die einfach nicht wahr sein kann, wegzuschieben und normal weiterzuschlafen. (...)

40 Monate - so lange verbrachte Maciek Dobrowolski hinter Gittern.
Ohne richterliches Urteil sondern lediglich aufgrund von Vorwürfen basierend einzig und allein auf Aussagen eines Kronzeugen. Dieses Buch erzählt die Geschichte eines Menschen, den das Leben in eine extreme Situation beförderte, die er jedoch stets mit Würde ertrug. Es ist auch eine Geschichte über die Freundschaft und darüber, dass es auf dieser Welt immer jemanden gibt, auf den man zählen kann. Maciek konnte auf seine Freunde zählen. So begann die überregionale Aktion „#uwolnicMacka". Zehntausende Menschen riefen mit gemeinsamer Stimme, um ihren Widerstand gegen dieses offensichtliche Unrecht kundzutun. Dieses Buch bietet einen Einblick hinter die Kulissen der Initiative.